Affranchissements en Guadeloupe de 1826 - 1848

Le rôle des personnes affranchies avant 1848 dans la société de la Guadeloupe

Sandra Willendorf

Impressum

© 2021 Willendorf, Sandra, 1. Aufl.

Herstellung und Verlag: BoD – Books on Demand, Norderstedt

ISBN: 9783754374221

1. La situation à partir de 1802

Après la réintroduction de l'esclavage en Guadeloupe au cours de l'été 1802, les répressions étaient lourdes. À première vue, la situation avant 1794 semble avoir été restauré et 80 % de la population sous contrôle. Mais secrètement, les méthodes connus avant 1794 seront bientôt utilisées à nouveau pour obtenir un affranchissement d'une manière ou d'une autre (artisan de talent, mariage).

Il est difficile de trouver des traces, par qui, où et comment la pratique des affranchissements a redémarré. Il ne semble pas que des exemplaires de protocole du Conseil de la Guadeloupe antérieurs à 1826 aient survécu.

En principe, chaque titre légal d'affranchissement avait dû passer par le bureau du Gouverneur. Néanmoins, en faisant des recherches pour la période entre 1781 et 1794, j'ai trouvé des notaires de Basse-Terre qui s'étaient spécialisés dans le fait de dresser des actes d'affranchissements. Donc j'estime, si jamais on devait se mettre à la recherche de dévoiler l'ampleur des affranchissements, on devrait exploiter le notariat de la Guadeloupe entre 1802 et 1826 – ou disons au plus tard 1835, car des actes civils (achat, vente, contrat de mariage, testament…) pouvaient suivre longtemps après un affranchissement. Je suppose qu'on pourrait y trouver des clients qui s'identifient avec un titre d'affranchissement rédigé entre 1802 et 1830 (Le processus s'installe beaucoup mieux à partir de 1832). Peut-être on trouverait de nouveau des notaires qui s'étaient spécialisés dans les affranchissements, même si le titre n'était valable que signé par le Gouverneur.

Il est envisageable que le gouverneur britannique ait forcé les affranchissements - soit par dignité humaine, soit afin de remettre "un levain en germination" aux Français lors de la remise de la Guadeloupe, qu'ils doivent ensuite gérer.

Donc on devrait trouver des indices sur la pratique dans les archives du secrétariat des gouverneurs français, anglais et suédois.

Finalement, j'imagine que des traces puissent être trouvés dans l'état civil en ligne (ANOM IREL) soit pour les mariages soit pour la reconnaissance d'enfants. Les citoyens ont dû se légitimer par leur acte de naissance ou leur affranchissement.

Une chose est certaine : Au cours des premières décennies du 19e siècle, la dichotomie esclavage / liberté / droits de l'homme a été discuté de nouveau et a gagné de l'ampleur au cours des années 1830 avec la volonté du roi Louis-Philippe.

Ce travail intéressant n'a pas encore été fait, il faudrait une équipe de chercheurs et volontaires qui se mettent au travail. Ainsi, je me restreins à l'espace entre 1826 et avant mai 1848 qui est mieux accessible. J'essayerais de dresser un premier tableau de la société affranchie de la Guadeloupe à partir de la comparaison de la liste d'affranchissements du Conseil de la Guadeloupe, la version imprimée et l'inscription des nouveaux citoyens à la mairie – un travail qui n'a pas encore été fait jusqu'à maintenant.

Sandra Willendorf   Cologne, septembre 2021

2. Vers l'affranchissement

Pendant que les marrons « s'affranchissent eux-mêmes », il y a encore le moyen d'affranchissement légale :

Il y avait deux types d'affranchissements. D'après la première variante, l'affranchissement a été accordé par le gouverneur ou le directeur de la colonie. L'esclave était libre de droit dès la réception du certificat, si son ancien propriétaire avait payé la taxe à la Caisse des libertés pour obtenir la liberté.

Selon la deuxième variante, l'esclave a reçu une clause de non-responsabilité en tant que propriété de son précédent propriétaire sur son droit à l'esclave (désistement). Dans ce cas, l'esclave était de facto libre et devait payer la taxe à la Caisse des libertés lui-même, afin de se libérer de jure. Entre-temps, jusqu'à ce qu'il ait réglé les frais, il était sous le haut patronage de son ancien propriétaire. Pour cette raison, les anciens esclaves y figuraient toujours dans les inventaires (cf. Régent 2007 : 542-548 sur les types de libération). Cet avis de non-responsabilité a été prononcé lors de la libération générale en 1794 - tous messieurs sur leurs esclaves, sans annexer de disposition d'exécution. L'abolition a été annoncée par des panneaux d'affichage. La mise en œuvre a eu lieu dans le prélèvement massif pour le bataillon des Antilles. Les travailleurs agricoles restants devraient être conservés dans les plantations avec le deuxième type de mise en œuvre pour garantir les récoltes et le revenu au gouvernement (cf. Pérotin-Dumon 2000 : 685).

Le droit civil en tant que prétendant libre n'était pas exécutoire. Les revendications de propriété précédentes des maîtres n'avaient plus de base légale. Dans la vie de tous les jours de la majorité des nouveaux livres, travailleurs agricoles comme travailleurs forcés, cela n'a eu pratiquement aucun effet. Pour eux, rien ne change par rapport à avant. En raison de l'exode des jeunes hommes et de l'effondrement des récoltes et des revenus des planteurs, leur situation est plutôt pire qu'auparavant. Par rapport à l'Ancien Régime, ils ne peuvent même pas se référer au Code Noir car celui-ci avait été suspendu (cf. Eichmann 2019).

En examinant les décrets du Bulletin de la Guadeloupe de 1828-1848, les deux variantes se révèlent : le gouverneur peut déclarer la libération par décret. Les autres cas apparaissent également ici, car dans certains décrets, il est également question d'un montant préalablement fixé à la Caisse des libertés. Dans certains cas, la redevance a été fixée trop haut par un prédécesseur, n'a pas pu être payée et a ensuite été annulée ou réduite après plusieurs années (cf. Bulletin de la Guadeloupe n ° 24 / décembre 1829, décret n ° 282 du 10 décembre 1829, p. 594). Certains dossiers sont simplement restés en suspens et ont été délivrés des années plus tard (cf. Bulletin de la Guadeloupe n ° 18/19 juin / juillet 1833, décret n ° 226, pp. 526 ss.), Dans treize cas: la matière avec laquelle le certificat de libération garantit a été fixée au 6 novembre 1828, suspendue depuis lors, a été rappelée le 15 avril et le 1er juin 1831, était toujours suspendue et a été annoncée le 5 juillet 1833 avec effet immédiat et les frais ont été levés en raison de l'erreur de procédure commise par le gouverneur. Un autre cas était en suspens depuis le 20 septembre 1809 et le 4 février 1832, la libération gratuite est prononcée pour les mêmes raisons, cf. Bulletin de la Guadeloupe n ° 2 / février 1832, décret n ° 31 du 4 février 1832, p. 49).

Le processus, jusqu'à ce qu'un affranchissement soit définitif, prenait plusieurs semaines, des mois, voire des années. Un exemple : Le décret d'octobre 1831 se réfère intégralement à toutes les décisions antérieures et déclare : En général, un public doit être établi afin que la procédure elle-même puisse se dérouler conformément aux règles et que tous les demandeurs et participants soient informés. C'est pourquoi :

Chaque demande de libération doit avoir été précédée de trois publications, qui incluent l'âge, le sexe et le nom de l'esclave ainsi que le nom, le lieu de résidence et la profession du maître ou du demandeur. Cette publication doit avoir lieu à la Gazette officielle de la Guadeloupe. Il y a un délai minimum de cinq jours entre les publications. La libération ne peut être accordée que trois mois après la dernière publication. Il peut également être publié d'office par le ministère des Affaires publiques sans frais. (...)

Toute objection à la libération envisagée peut être formulée dans ce délai. Cet appel est adressé au Seigneur et au tribunal général, qui en tient un registre. (...)

Toute réclamation sera poursuivie d'office et la question ne pourra être tranchée tant que ces réclamations n'auront pas été résolues.

Au terme de ces démarches, le dossier est présenté au gouverneur: preuve des trois publications sous forme de journal imprimé, attestation du tribunal qu'aucune objection ni réclamation n'a été formulée par des tiers, extrait d'une liste la plus récente possible (inventaire ou similaire) sur lequel l'esclave apparaît; un certificat du commandant de district, donnant des informations sur la disposition de l'esclave et comment il a l'intention de gagner sa vie; une confirmation du tribunal que l'esclave n'a été impliqué dans aucun litige.

Les personnes libérées devraient pouvoir gagner leur vie elles-mêmes. S'il peut être estimé sur la base de la situation financière actuelle que cela est incertain, la personne libérante est responsable d'une garantie à vie pour la personne libérée. La personne libérée ne peut pas être prise en charge (aucun frais ne peut être pris en charge par la colonie). Cette garantie doit être versée sous forme de pension ou en nature, par exemple en cas d'invalidité, de maladie ou de vieillesse.

Avant que les esclaves mâles ne soient libérés, ils peuvent être obligés de faire un service militaire ou communautaire de cinq ou dix ans. Pour cela, ainsi que pour les forces de police, une autorisation est requise du gouverneur, qui détermine la durée des années de service. Toutes les années travaillées avant peuvent être prises en compte. La libération peut être donnée tôt pour des raisons spéciales ou s'il est certain que le service local continuera d'être fourni. À la fin de cette période, les esclaves sont libérés par le gouverneur. Toutes vacances seront accordées. Si un esclave décède pendant un devoir et qu'il n'a pas perdu ses services, sa femme et de ses enfants bénéficiera de son affranchissement.

Tous les contenus contraires à ce décret de décisions antérieures sont supprimés.

Ce décret sera publié au Journal officiel et publié ou affiché partout ou nécessaire. (cf. Bulletin de la Guadeloupe 1831, décret n ° 768 du 20 octobre 1831, pp. 545-548).

Ce décret fournit le cadre juridique des années 1830. On ne sait pas dans quelle mesure les procédures étaient auparavant réglementées en détail.

C'était une négociation de toutes les personnes impliquées dans le but ultime de la libération et n'était en fait que dans cette direction. En 1831, il a été démontré dans un cas rare qu'une libération avait été retirée. Un planteur de Morne-à-l'Eau - et il y avait un décret du 29 avril 1831 - fit libérer Jean-Charles, son esclave, et le soutint. Le 2 juin 1831, cependant, un autre citoyen des Abymes s'avança pour demander que la libération déjà accordée soit retirée. Il a utilisé des documents pour prouver que Jean-Charles était son esclave. Il y a eu un litige devant le tribunal de Pointe-à-Pitre au sujet de la propriété de l'esclave, qu'elle provienne des droits du citoyen de Morne-à-l'Eau ou des Abymes. Le citoyen des Abymes a obtenu le droit et la libération a été déclarée réversible. De plus, le citoyen des Abymes s'est vu accorder des dommages et intérêts d'un montant de 3 168 Livres, selon le texte on parle d'une succession. La relation a été montrée sous une forme si courte qu'une troisième personne est entré dans le jeu dans le cadre de cette réclamation d'argent ou de transfert de créances, car la succession n'était pas expliquée et ce qu'elle avait à voir avec Jean-Charles (cf. Bulletin de la Guadeloupe 1831 , Décret n ° 690 du 10 juin 1831, page 440 en liaison avec le décret du 29 avril 1831, rendu public à l'occasion de la célébration du trône du roi, décret n ° 648, p. 351: Jean-Charles, nègre, 50 ans, de Morne-à-L'Eau, libération demandée par M. Arnaud Barbe.). En règle générale, cependant, dans les années 1830, le gouverneur était l'exécuteur de la volonté politique de Louis-Philippe et se prononçait généralement en faveur de la libération si toutes les conditions étaient remplies et qu'aucune revendication de tiers n'existait.

3. Le rôle des personnes affranchies avant 1848 dans la société de la Guadeloupe

Au cours de notre travail au sein de la liste de généalogistes (GH Caraïbe), nous nous sommes posé la question du rôle des affranchis avant 1848 : Une bibliographie sur un champ de recherche comme „les affranchis de la Guadeloupe avant 1848" n'a pas donné des considérations en profondeur de ce groupe important. Il semble y exister un espace vide dans la recherche entre la réintroduction de l'esclavage en 1802 et le 27 mai 1848. J'ai élargi le champ de recherche et mis les pièces du puzzle ensemble pour donner un premier – semble-t-il - regard sur une partie de la population de la Guadeloupe importante qui était oublié jusqu'à maintenant. À tort, je pense.

Avec les recherches de Lara, il était connu que les maîtres ont été indemnisés pour l'affranchissement de 86.946 esclaves. Le processus pour recevoir une indemnité s'est clôturé le 3 janvier 1851 (cf. Lara 2010, 63 %).

Le recensement de la Guadeloupe en 1845 comme point de repère

Le recensement de la Guadeloupe compte 129.109 personnes pour 1845.[1]

Dans la séance du 07/10/1845, le Conseil discute une réforme des circonscriptions cantonales, arrêté 21,[2] et prend probablement les chiffres du recensement de 1845 comme base de la réforme discutée ; citation des chiffres :

Premier canton: Arrondissement de Basse-Terre	Population libres	Population esclaves	Total
Basse-Terre et banlieue	4.706	1.940	6.646
Basse-Terre extra muros	864	2.627	3.491
Dos d'Âne	600	1.698	2.298
Vieux-Fort	390	579	969
Saintes	740	530	1.270
Baillif	427	1346	1.793
Total	7.727	8.720	16.447

---

[1] cf.https://fr.wikipedia.org/wiki/Chronologie_de_la_Guadeloupe, accès le 07/08/2020).

[2] cf.http://anom.archivesnationales.culture.gouv.fr/osd/?dossier=/collection/INVENTAIRES/Ministeres/COL/SD/&first=SG_GUA165/FRANOM35_SG_GUA165_0405&last=SG_GUA165/FRANOM35_SG_GUA165_0467&title=Séance+du+7+octobre+1845, accès le 04/11/2020

Deuxième canton	Population libres	Population esclaves	Total
Capesterre	868	2.820	3.688
Goyave	189	861	1.050
Trois-Rivières	980	2.279	3.259
Total	2.037	5.960	7.997

Troisième canton	Population libres	Population esclaves	Total
Pointe-Noire	894	1.722	2.616
Deshaies	292	652	944
Bouillante	504	1.525	2.029
Vieux-Habitants	816	1.496	2.312
Total	2.506	5.395	7.901

Quatrième canton	Population libres	Population esclaves	Total
Saint-Martin	1.136	2.493	3.629

Arrondissement de Pointe-à-Pitre, premier canton:	Population libres	Population esclaves	Total
Pointe-à-Pitre	7.056	3.846	10.902
Les Abymes	1.541	3.095	4.636
Le Gosier	1.146	2.579	3.725
Morne-à-L'Eau	1.322	2.255	3.577
Total	11.065	11.775	22.840

Deuxième canton:	Population libres	Population esclaves	Total
Lamentin	878	3.173	4.051
Petit-Bourg	685	2.878	3.563
Baie-Mahault	960	2.948	3.908
Sainte-Rose	973	3.224	4.197
Total	3.496	12.223	15.719
Troisième canton	Population libres	Population esclaves	Total

Port-Louis	787	4.161	4.948
Petit-Canal	898	6.648	7.546
Anse-Bertrand	549	4.491	5.040
Total	2.234	15.300	17.534

Quatrième canton	Population libres	Population esclaves	total
Le Moule	1.778	8.005	9.783
Saint-François	1.132	5.569	6.701
Sainte-Anne	1.112	5.157	6.269
La Désirade	713	997	1.710
Total	4.735	19.728	24.463

Arrondissement de Marie-Galante, premier canton	Population libres	Population esclaves	total
Joinville	1.290	846	2.136
Joinville extra muros	852	3.675	4.527
Total	2.142	4.521	6.663

Deuxième canton	Population libres	Population esclaves	total
Capesterre	897	3.450	4.347
Vieux-Fort St. Louis	575	2.286	2.861
Total	1.472	5.736	7.208

Guadeloupe	Population libres	Population esclaves
130.401	38.550	91.851

(Cité). 130.381 calculés.

Ces relations vont dans la même direction que les chiffres que donnent le processus du deuxième affranchissement démontré chez Lara. Ils peuvent avoir seulement un caractère indicatif pour 1845, car les relations subissent des changements chaque année et la période des affranchissements traités s'étend de 1826 à mai 1848.

	Recensement & Lara	Base de données	période
Esclaves en 1845 selon le Conseil	91.851	81	Affranchissements octobre - décembre 1845
Affranchis, pour lesquels les maitres étaient indemnisés 1848-1851 „totalité des esclaves restants"	86.946	1.146	Affranchissements 1846
		1.067	Affranchissements 1847
		323	Affranchissements 1848
Affranchissements supposés	4.905	2.617	

Il semble que les chiffres étaient bien tirés du recensement, puisque la date de celui-ci a été fixé au 15 octobre 1845 (arrête no. 300 du 10/09/1845, p. 340).[3] Le lien Wikipedia accédé est mort (04/11/2020).

À défaut, le nombre total d'affranchissements en 1845 dans la base de données se porte à 575.

La différence est peut-être dû au flux de la population entre 1845 et 1851 et une fiabilité des données qui ne peut pas se comparer à aujourd'hui. Cela se montre dans le fait des „actes zéro", des indications d'âge différentes pour la même personne, des personnes qui se déclarent deux fois, de personnes qui sont affranchis deux fois. La standardisation n'était pas pratiquée à la même échelle qu'aujourd'hui. Quand-même, les personnes occupées à écrire le protocole, a mener les dossiers, à imprimer, à faire l'état-civil ont essayé de faire au mieux selon les méthodes qu'ils connaissaient.

La standardisation d qualité mineure se montre dans le fait que dans un certain temps, les maitres n'étaient pas nommés dans ou les enfants des femmes esclaves à affranchir dans les arrêtés des affranchissements. Il y a des tableaux avec et des tableaux sans matricule esclave (liste domaines coloniales). Il y a des oublis dans la notation.

J'ai essayé quand-même de standardiser au mieux et de créer un sous-registre „protocole des changements" et „personnes qui se déclarent deux fois".

Un groupe de travail de volontiers de GH Caraïbe a effectué une liste d'affranchissements selon les actes qui se sont conservés aux mairies de la Guadeloupe, environ entre 1832 et 1848.

L'idée est survenue de comparer les affranchissements avec leur base légale, publiée dans les séances du Conseil de la Guadeloupe et le bulletin officiel de la Guadeloupe.

---

[3] cf.https://babel.hathitrust.org/cgi/pt?id=osu.32437122249234&view=1up&seq=374, accès le 05/11/2020.

La base de données des affranchissements, comparée avec les actes à la mairie

Les premières séances conservées sous protocole datent de l'année 1826. Cette année et le deuxième affranchissement par la loi de Schoelcher, pratiquée à partir du 27 mai 1848, ont encadré l'espace de la recherche. Ce temps qui s'écoule, 22 ans, fait presque une génération.

Vus les paramètres que les Blancs constituent environ 10 % de la population, les gens de couleur libres quelques autres 10 %, on pourrait estimer le taux des personnes affranchis avant 1848 d'environ 20.000 personnes. Comme l'espace de temps couvert est trop large, on ne peut pas vraiment connaitre le taux de personnes affranchies dans la société dans une année ou une autre. Les chiffres seraient à croiser avec des recensements. Mais une chose est claire : Cette population nouvellement affranchie vis-à-vis ceux qui sont déjà libres et ceux qui suivent en 1848, n'est pas à négliger dans la considération.

L'homogénéisation des informations dans la base de données permet beaucoup de filtrages et de recherches. La base de données contient les catégories année de l'inscription, lieu de l'inscription, lieu selon le protocole ou le bulletin, numéro de l'acte à la mairie, la date de l'inscription, la date de l'arrêté dans le protocole du Conseil et sa publication dans le bulletin. Parfois une volonté d'acte civile suit l'affranchissement (mariage ou reconnaissance) et est déjà indiqué comme finalité pour cet affranchissement. Du côté de la personne à affranchir, la base contient les informations sur son âge, son lieu de naissance, sa profession et sa relation de parenté. Du côté patron / maître, si connu, il y a des informations comme son nom et la commune. Dans la majorité des cas, les maîtres et les esclaves / affranchis vivent dans une espace qui peut être nominée et se définit par la commune. La personne à l'origine de l'affranchissement peut être l'ancien maître, patron ou un membre de la famille qui est déjà libre. Parfois, les catégories de ces personnes sont floues.

Dans les premières années, la procédure de l'affranchissement met l'accent vers le mérite : bons services, mariage, d'être un libre de fait ou le fait de bénéficier de la fête du trône pour obtenir un affranchissement. Vers la fin, la distinction juridique est faite entre l'ordonnance du 11 juin 1839 (qui permet à la parenté d'affranchir un proche) et plusieurs autres lois qui définissent le rachat de la personne à affranchir : La distinction entre un rachat amiable et un rachat forcé est faite.

Suite à la loi du 18 juillet 1845 qui traite le rachat, le gouvernement décide d'ouvrir un crédit de 400.000 F pour donner des allocations aux esclaves qui sont prévus à l'affranchissement et qui ne sont pas dans la catégorie nommée expressis verbis du 11 juin 1839. Le montant de l'allocation versée directement varie de cas à cas et est à chaque fois une décision individuelle, adaptée. La décision est publiée dans le protocole et le bulletin à partir de février 1846 et comprend plusieurs centaines de cas. Cette mesure renforce encore le processus d'affranchissements déjà en cours. L'étude de ces cas montre que quelques personnes nouvellement affranchies garantissent d'être employés chez leur ancien maître pour une durée de sept ans en échange d'un „prix de rachat fixé à l'amiable". Ce prix de rachat est une sorte d'indemnité qui est versé directement à l'ancien maître. Dans la séance du 10 mai 1846, le Conseil décide de verser désormais l'allocation prévue directement au maître.

L'étude de ces cas (l'étendu et l'utilisation des crédits à partir de 1846 : l'espace de temps entre allocation et affranchissement, ou éventuels affranchissements qui n'ont pas lieu malgré l'allocation) n'a que débuté. Les résultats pourraient être croisés avec le tableau.

La procédure de l'affranchissement est redéfini dans la séance du 20/10/1831 : Chaque demande de libération doit avoir été précédée de trois publications, qui incluent l'âge, le sexe et le nom de l'esclave ainsi que le nom, le lieu de résidence et la profession du maître ou du demandeur. Cette publication doit avoir lieu à la Gazette officielle de la Guadeloupe. Il y a un délai minimum de cinq jours entre les publications. L'affranchissement ne peut être accordée que trois mois après la dernière publication. Il peut également être publié d'office par le ministère des Affaires publiques sans frais. (…)

Toute objection à la libération envisagée peut être formulée dans ce délai. Cet appel est adressé au Seigneur et au tribunal général, qui en tient un registre. (…)

Toute réclamation sera poursuivie d'office et la question ne pourra être tranchée tant que ces réclamations n'auront pas été résolues.

Au terme de ces démarches, le dossier est présenté au gouverneur: preuve des trois publications sous forme de journal imprimé, attestation du tribunal qu'aucune objection ni réclamation n'a été formulée par des tiers, extrait d'une liste la plus récente possible (inventaire ou similaire) sur lequel l'esclave apparaît; un certificat du commandant de district, donnant des informations sur la disposition de l'esclave et comment il a l'intention de gagner sa vie; une confirmation du tribunal que l'esclave n'a été impliqué dans aucun litige.

Les personnes libérées devraient pouvoir gagner leur vie elles-mêmes. S'il peut être estimé sur la base de la situation financière actuelle que cela est incertain, la personne libérante est responsable d'une garantie à vie pour la personne libérée. La personne libérée ne peut pas être prise en charge (aucun frais ne peut être pris en charge par la colonie). Cette garantie doit être versée sous forme de pension ou en nature, par exemple en cas d'invalidité, de maladie ou de vieillesse.

Avant que les esclaves mâles ne soient libérés, ils peuvent être obligés de faire un service militaire ou communautaire de cinq ou dix ans. Pour cela, ainsi que pour les forces de police, une autorisation est requise du gouverneur, qui détermine la durée des années de service. Toutes les années travaillées avant peuvent être prises en compte. La libération peut être donnée tôt pour des raisons spéciales ou s'il est certain que le service local continuera d'être fourni. À la fin de cette période, les esclaves sont libérés par le gouverneur. Toutes vacances seront accordées. Si un esclave décède pendant un devoir et qu'il n'a pas perdu ses services, sa femme et de ses enfants bénéficiera de son affranchissement (cf. Bulletin de la Guadeloupe 1831, décret n ° 768 du 20 octobre 1831, pp. 545-548).

Au début, dans les premières années, il y avait des cas d'hommes ayant servi dans la milice ou chez les militaires il y a longtemps, leur service de 7 ans déjà effectués, et qui n'étaient pas affranchis après. Quelques cas ont trainé ainsi pendant des années, voire des décennies. À cette époque, les esclaves ont dû fournir l'argent de leur rachat eux-mêmes. L'aide du gouvernement comme en 1846 n'existait pas. S'ils n'avaient pas suffisamment de ressources, leur captivité s'est prolongée. Des questions autour d'une reforme étaient discutés longuement. L'avènement de Louis-Philippe a changé les choses.

Il y avait une taxe à payer au bureau des bienfaisances de 58 F 40, abrogée le 3 janvier 1832.

Au début, une demande d'affranchissement pour mariage avec une personne libre et reconnaissance des enfants de leur union a été faite. Le conseil a discuté ce cas longuement et a vu la possibilité que ce cas pourrait faire école et nuire au commerce de la colonie (un cas Le Moule, 1827, incite la discussion) et la stabilité d'hiérarchie sociale.

Au début, ce n'était pas si clair pour les acteurs s'il était important de publier les cas d'affranchissement ou s'il fallait les laisser un peu sous l'anonymat. Le schéma de description des cas dans le protocole et la publication s'est établi au plus tard vers 1832. Avant, j'ai compté au moins 530 personnes anonymes („schéma : Rosillette et ses enfants", „Louis et 5 frères et sœurs"). La liste contient 16.663 lignes (plus les anonymes : plus de 17.000 personnes), le but était de définir une ligne égale à une personne. Environ 66 personnes se font enregistrer deux fois dans la même ou dans une autre commune. Ces cas sont marqués avec une couleur. On peut donc avancer facilement le chiffre de 17.000 personnes affranchis entre 1826 et fin mai 1848, parmi lesquels quelques-uns ont eu des enfants, d'autres sont restés célibataires ou morts jeunes.

Le processus d'inscription des affranchissements a été inauguré en 1832 et s'est bien implanté dans la plupart des communes à partir de 1833. Quelques communes ont suivi tardivement avec l'inscription de leurs affranchissements. Avant, ces personnes vivant dans ces communes ont dû s'inscrire ailleurs, semble-t-il. Un incendie a détruit les registres de Pointe-à-Pitre de 1841-1843. L'étude des affranchissements publiés dans le protocole du Conseil et le bulletin a permis de restituer ces cas (205 personnes), dont quelques personnes se sont re-inscrits quelques années plus tard.

Sûrement, l'affranchissement a un effet majeur dans la vie d'un esclave. Il doit, comme décrit dans la loi, subvenir à ses besoins soi-même ou bien l'ancien maître doit garantir pour lui. Il ne doit éviter que le gouvernement l'entretienne avec les allocations (espérons-le). Donc, soit il reste dans la commune ou il a grandi (ou sur la plantation même), soit il déménage dans une autre commune. Dans la majorité des cas, la personne affranchie et sa famille restent dans la commune de la déclaration. L'étude montre que les migrations se font vers Pointe-à-Pitre ou Basse-Terre.

Vers Pointe-à-Pitre de : Saint-François (133), Goyave (1), Les Abymes (259), Morne-à-L'Eau (3), Sainte-Anne (1), Terre-de-Bas (5). Vers-Basse-Terre de : Baillif (15), Bouillante (1), Les Saintes (1), Marie-Galante (1), Saint-Claude (2), Pointe-Noire (1), Saint-Martin (1), Trois-Rivières (1)

Inscriptions de Marie-Galante, n'importe quelle commune : Les citoyens qui s'inscrivent ici proviennent tous de Marie-Galante - ils restent chez eux et ne déménagent pas en Guadeloupe.

Il y a des migrations de quelques personnes, souvent une ou deux, entre différentes communes. Leur chiffre est insignifiant vis à vis les 17.000 personnes.

J'ai pensé au début de l'analyse que le rythme et la structure des déménagements pourrait se poursuivre mais cela n'était pas le cas.

Ceux qui font de la généalogie pourraient obtenir des informations (difficiles à avoir : dans les actes notariés qui ne sont pas numérisés, registres d'esclaves) sur leurs ancêtres une fois leur lieu de naissance ou la commune de leur habitation connue. Si la personne affranchie a déménagé, cette information est à chercher dans deux communes.

La répartition d'âges :

Âge	
Bébés jusqu'à 2 ans	966
2-10 ans	3.684
11-19 ans	2.515
20-29 ans	2.694
30-39 ans	2.081
40-49 ans	1.591
50-59 ans	960
60-69 ans	605
70-79 ans	237
80-89 ans	30
90-99 ans	7
100 ans	1
Inconnu	1.094
Cellules vides	226
Total	16.691

Il y a quelques erreurs d'âge entre protocole/bulletin ou entre bulletin/protocole et inscription. Parfois les âges sont indiqués selon la date de l'inscription, parfois les âges sont seulement copiés du bulletin, même si l'inscription a eu quelques années plus tard.

La mortalité semble déjà frapper dans les gens de 40-49, voire 50-59 ans et reflète l'espérance de vie au 19e siècle.

Ce tableau calcule la totalité des entrées entre 1826 et 1848, probablement faute „cases vides" dus au filtrage. Quand-même, cet approximatif pourrait être croisé aux chiffres du recensement de 1845 pour composer une pyramide de la population.

Effet généalogique :

Si la personne est née entre juin 1794 et mai 1802, on a une chance réelle de trouver son acte de naissance.

Lieux de naissance	
Afrique	515
Anguilla	4
Antigua	4
Barbade	1
Curaçao	3
Côte ferme	1
Dominique	19
Grenade	1
Martinique	81
Porto Rico	2
Saint-Barthélémy	9
Saint-Domingue	4
Saint-Eustache	3
Saint-Thomas	1
Sainte-Croix	5
Sainte-Lucie	6
Saint-Martin, partie française	200
Saint-Martin, partie hollandaise	8
Saint-Martin	21
Trinité, Port d'Espagne	2
États-Unis d'Amérique	2
New York	2

La Désirade	301
Les Saintes	60
Marie-Galante	1.420
Terre-de-Bas	109
Terre-de-Haut	43
Guadeloupe	11.607
Inconnu / non précisé / cellules vides	2.229
Total	16.663

Des personnes de la traite illicite (158), étudiée dans Lafleur[4], quelques-uns ont pu être repérés à Pointe-à Pitre, Baillif et Basse-Terre. Quelques-uns ont travaillé chez des maitres (habitation privée), d'autres - j'estime la plupart - dans les domaines coloniaux comme Dolé, Saint-Charles, Grand Marigot et Petit Marigot. Il semble que la plupart d'entre eux ne se trouve pas sous les affranchissements avant 1848. Soit, ils sont décédés, soit ils ont quitté l'île. Soit, ils sont restés des ouvriers engagés. Depuis leur mention dans le bulletin en juillet 1831, il n'y a plus de sources officielles sur le destin de ceux qui n'ont pas pu être retrouvés (105 cas). Après leur affranchissement par le gouvernement, en 1831, ils se sont vu être engagés sur des domaines coloniales pour 7 années suivantes (un lançage de test de travailleurs engagés appliqué plus tard à grande échelle avec les immigrés indiens à partir des années 1850) ! Leur sort était discuté longuement dans le Conseil. On était conscient que ce groupe entre esclavage et liberté formerait un quatrième groupe qui n'était ni prévue ni souhaité et censé dangereux pour la société, le système et la colonie. De ceux qui sont resté, leur 2e affranchissement se passe en été 1838 pour Basse-Terre (12), Baillif (23), Pointe-à-Pitre (10). Ici, les officiers d'état civil ont malheureusement tenté de localiser leur lieu de naissance dans la région de l'habitation domaniale ou ils ont travaillé au lieu de noter Afrique. La concordance des noms et patronymes et âges était un peu compliqué et se faisait via le protocole du bulletin du 23 juillet 1831, mais faisable.

Les professions des esclaves à affranchir sont connues. Les plus remarquables : deuxième chantre dans une paroisse, économe d'habitation, fabriquant de tabac, fabriquant de chocolat, géreur d'habitation, habitant propriétaire. Les tableaux des personnes de domaines coloniales et du rachat a montré que - en principe - chacun et chacune ont eu une occupation / profession dans la plantation / maison de commerce / service publique / en mer. Comme les marrons - de leur état de toute façon -, les criminels n'ont pas été affranchis, on peut en déduire qu'avant chaque personne à affranchir (à l'exception des enfants en bas âge) a eu une occupation. Ce qui est troublant, c'est que de nombreuses personnes indiquent lors de leur inscription à la mairie d'être sans profession. Si la profession n'est pas indiquée, cela peut être une lacune de l'officier d'État-civil. Ou justement la personne était au chômage. On imagine combien de familles ont vécu dans la précarité au début? Sûrement ils se sont entraidés par leur parenté et des associations. Heureusement les sans-profession sont dans la minorité :

---

[4] cf. Gérard Lafleur (2018): Destin des nègres de traite en Guadeloupe; Bulletin de la Société d'histoire de la Guadeloupe no. 180, mai-août 2018 pp. 3-11

Profession	Nombre de personnes
Agriculture & habitation	
Habitant (& propriétaire) (étant esclave (!)	21
Géreur d'habitation (étant esclave (!)	2
Propriétaire étant esclave (!)	10
Propriétaire étant esclave possédant des esclaves	1
Économe	17
Chef d'atelier, commandeur	19
Raffineur	6
Guildivier	1
Mousse	3
Sonneur	1
Agriculteur, cultivateur, laboureur, travaillant la terre	946
Journalier	65
Cabrouetier, muletier	11
Vinaigrier	1
Jardinier	3
Calfat	25
Domestique (dans une catégorie, m & f mélangés)	702
charrettier	1
carrossier	1
Professions féminines	
Habitante (& propriétaire) (étant esclave (!)	32
Fabricant de chocolat (étant esclave (!)	1
Habitante propriétaire étant esclave (!)	1
Propriétaire étant esclave (!)	18
Rentière étant esclave (!)	1
Cultivatrice	463

Planteuse de vivres	8
Journalière	68
Jardinière	15
Bonne d'enfants, gardienne	22
Domestique, femme de chambre	21
Servante	211
Repasseuse	47
blanchisseuse, lessivière, lingère	719
Ménagère	165
Cuisinière	54
Bouchère	1
Pâtissière	3
Bonbonnière	13
Fruitière	7
Faiseuse de sirop	1
Faiseuse de cigares	59
Boulangère	2
Confiseuse	9
Brodeuse	1
Fileuse	2
Matelassière	2
Couturière	1.600
Coiffeuse	1
Modiste	1
Marchande (herbages, cigares, bonbons, charbon, comestibles, farine, fruits, graisserie, lait, légumes, paillon, poisson, revendeuse); vendeuse de fruits, légumes, poissons, poissons frits, marchandises	386
Commerçante	1
Colporteuse	69
Employée à l'hôpital, infirmière	4

Garde-malades	2
accoucheuse, sage-femme	12
Artisanat, (maîtres) et apprentis	
Bijoutier	1
Orfèvre	7
Boulanger	11
Confiseur	2
Boucher	28
Chapelier	1
Charron	27
Cordonnier	4
Charpentier (marin, de génie, maisons, moulin), ménétrier	822
Sellier	4
Couturier	1
Cuisinier	100
Ebéniste	4
Forgeron	23
Ferblantier	5
Maréchal ferrant	1
Perruquier	5
Coiffeur	1
Menuisier	49
Gabarrier	1
Maçon	342
Peintre en bâtiments	13
Marbrier	1
Faiseur d'étoupes	1
Tailleur	71
Tanneur	3

Tonnelier	154
Matelassier	10
Commerce	
Fabricant de tabac (étant esclave (!)	1
Marchand	9
Négociant	1
Commerçant	1
Courrier de la poste	1
Employé de douane	1
Compagnon charpentier	3
Compagnon maçon	3
Scieur de long	1
Service public	
Planton du Conseiller colonial	1
Barbouilleur	5
Vétérinaire	1
Mer & Marine	
marin, pêcheur, canotier, senneur , matelot, patron de pirogue, pilote de bateau, propriétaire de canot, voilier	318
Arts & culture	
Colporteur	2
Palefrenier	3
Relieur	2
Militaire (ancien cas jusqu'en 1832)	
Chasseur, soldat, arcimeur, bombotier, chasseur des bois, milice, tambour	40

Eglise	
Chantre paroisse	1
Non précisé (dont des enfants en bas âge)	5.758
Inconnu (dont des enfants en bas âge)	390
/ = sans profession ou inconnu, dont des enfants en bas âge	1.444
Sans profession, dont des enfants en bas âge	1.075
Total	16.611

(Je ne vois pas où est la faute, toutes les lignes sont remplies - il y manque une cinquantaine de personnes)

Il y a quatre désignations qui peuvent signifier au pire „sans profession" pour tous: 8.667 personnes. Le montant des „sans profession" varie entre 1.075 et 8.667.

Quelques-uns ont deux professions ou ont changé de profession avec l'affranchissement.

(Dans les autres cas, le programme compte éventuellement 13 lignes vides après la fin. Le fichier a été beaucoup plus long, cas doubles.)

Il y a un problème dans la répartition des professions selon le sexe. Quelques femmes étaient catégorisées comme „cultivateur" ou il y a des hommes qui portent un prénom féminin. Disons simplement que la moitié des domestiques étaient des femmes. Je n'ai pas corrigé les 'femmes cultivateurs' en cultivatrices puisque - en plus - chez quelques-uns (unes) leur sexe n'est pas clair.

La répartition des professions suit le schéma classique pour les hommes et les femmes. L'esprit entrepreneur chez les femmes est encourageant.

C'est frappant qu'un petit nombre de personnes à s'affranchir a copié le système en possédant des terrains, habitations et esclaves, ce qui est interdit par le Code Noir. On remarque donc que le système a déjà été en train de s'abroger avant le 27 mai 1848.

Le temps qui s'écoule entre la publication de l'affranchissement dans le bulletin et l'inscription à la mairie varie de quelques jours à quelques années.

	Affranchissements, actes doubles écartées. Quelques personnes sont affranchies deux fois	Ouverture des registres en 1832, plutôt en 1833. Avant: pas encore étudié, peut-être mentionné dans quelques mariages ; à partir de 1833: écartés: cas doubles, ne s'inscrit pas
1827	41	(41)
1828	68	(65)
1829	56	(63)
1830	32	(37)
1831	470	(351)
1832	1.065	(843)
1833	3.462	3.125
1834	1.493	1.744
1835	1.239	1.160
1836	970	907
1837	729	714
1838	626	663
1839	494	511
1840	564	509
1841	681	617
1842	526	482
1843	360	377
1844	779	727
1845	573	623
1846	1.141	978
1847	1.064	1.073
1848	320	457
1849		13
1850		7
1851		1

1852		1
1859		2
Total	16.753	14.691 à partir de 1833 (ouverture)

Cette tendance de hausse au début et vers la fin est répétée dans quelques communes.

D'un autre point de vue, la quasi-totalité des affranchis s'inscrit à la mairie.

Affranchissements commune	Totalité	Personnes confirmées	Pas de source juridique protocole / bulletin	Ne s'inscrit pas	Autres cas
Anse-Bertrand	310	305	0	1	0
Baie-Mahault	349	346	1	2	0
Baillif	110	100	5	4	1 en double
Basse-Terre	1.735	1.659	15	53	1 annoncée depuis longtemps dans un arrêté et affranchi avec Schoelcher (maitre: Gouverneur); 7 en double
Bouillante	168	167	0	1	0
Capesterre Marie-Galante	105	105	0	0	0
Capesterre-Belle-Eau	365	356	3	4	1
Deshaies	98	98	0	0	0
Gourbeyre	198	192	1	3	1 en double ; 1 décision extraordinaire
Goyave	34	29	2	1	2 en double
Grand-Bourg Marie-Galante	162	156	0	6	0
Joinville	136	131	1	2	2 en double
La Désirade	297	295	0	2	0

Lamentin	382	378	1	0	3 en double
Le Gosier	610	600	1	7	2 en double
Le Moule	698	693	1	2	2 en double
Les Abymes	269	265	0	4	0
Marie-Galante	822	806	1	8	7 en double
Morne-à-L'Eau	520	512	0	8	0
Petit-Bourg	289	285	0	3	1 en double
Petit-Canal	430	423	0	6	1 enfant qui était anonyme d'une mère affranchie = pas de nom pas de source
Pointe-à-Pitre	3.363	2.972 + 176 incendie reconstitué	36	163	16 en double
Pointe-Noire	309	289	0	18	2 en double
Port-Louis	400	395	1	0	4 en double
Saint-Claude	148	138	7	3	0
Saint-François	492	486	4	2	0
Saint-Louis Marie-Galante	85	85	0	0	0
Saint-Martin	328	306	1	21	0
Sainte-Anne	540	524	2	6	8 en double
Sainte-Rose	399	394	1	3	1
Terre de Bas	112	108	0	1	3 en double
Terre de Haut	53	52	0	1	0
Trois-Rivières	384	369	0	9	6 en double
Vieux-Fort	161	155	0	5	1 en double
Vieux-Habitants	240	229	2	8	1 en double
Total	15.104	14.582	86	357	76 en double 1 affranchie avec Schoelcher 1 décision extraordinaire 1 enfant ayant été anonyme à

					son affranchissement
Toutes les communes avant l'ouverture „affranchissement" à la mairie.	1.450				1 affranchissement annoncé avec arrêté, échoué car pas déclaré comme il faut (Gouverneur) il peut être décédé esclave
Traite illicite	108				
Personnes anonymes	532				
Total	17.195				

Égale à 16.663 lignes plus mention au moins 532 personnes anonymes

Les entrées peuvent être classifiés par ville / commune :

Pour séparer les affranchissements des autres personnes qui ne peuvent pas encore s'inscrire d'une telle manière, car la possibilité n'existait pas encore, j'ai dénommé la commune (x Commune) pour dire que c'est très probable mais pas sûre que cette personne puisse être dans l'état-civil de cette commune. Dans des rares cas ou les mariages ou décès de cette personne sont déjà insérés, cette commune s'appelle commune.

Les premières centaines d'affranchissements étaient complètement anonymes. J'ai alors nommé la cellule pour la commune x - jusqu'au moment où in indice du puzzle à faire (notariat p. ex.) mette ensemble les pièces séparées. C'est toujours possible que ces personnes „déménagent" dans leur commune.

Revenons aux communes :

Les années depuis lesquels le registre „affranchissement" est mis en cours, est souvent entre 1832 et 1833. Il y a des communes qui réagissent plus tard ou leur place d'officier d'état-civil est vacant. Les citoyens s'inscrivent alors dans une autre commune proche. Au cours des années, il y avait quelques restructurations dans les communes.

Il y a des personnes desquels la source juridique (protocole / bulletin) n'a pas pu être trouvée. Cela peut être une lacune, parfois il y a des décisions individuelles. J'ai pris grand soin de fouiller dans le protocole et le bulletin et de le refaire. Il se peut que la personne ait déménagé. J'ai regardé également sous les variables âge, profession, prénom, maitre dans les autres communes pour trouver la personne avant qu'elle soit marquée rouge. Il se peut que son affranchissement est antérieur à la publication réglementée dans le protocole et le bulletin. Il se peut que la personne ait été un des enfants anonymes d'une mère affranchie.

Dans les tableaux qui suivent, le minimum en enfants anonymes est compris.

3.1. Anse-Bertrand

Anse-Bertrand inscription	Ne s'inscrit pas	Aucune source juridique	Autres cas	Affranchissements réguliers
1829	1			
1831	4			
1832	21			
1833 ouverture registre				29
1834			2 en double	31
1835				61
1836				25
1837				22
1838	1			13
1839				17
1840				7
1841				11
1842				9
1843				0
1844				12
1845				13
1846			3 en double	31
1847				11
1848				12
Total	27	0	5	336

Maximum d'affranchissements en 1835. Anse-Bertrand compte environ 5.000 habitants (recensement 1845).

3.2. Baie-Mahault

Baie-Mahault inscription	Ne s'inscrit pas	Aucune source juridique	Autres cas	Affranchissements réguliers
1828	1			
1830	1			
1831	10			
1832	3			
1833 ouverture registre				68
1834	1			49
1835				30
1836				14
1837				16
1838				10
1839				11
1840				12
1841				21
1842				19
1843				4
1844		1		18
1845				24
1846	1			11
1847				33
1848				7
Total	17	1	0	365

Maximum d'affranchissements en 1833. Baie-Mahault compte environ 3.900 habitants (recensement 1845).

3.3. Baillif

Baillif inscription	Ne s'inscrit pas	Aucune source juridique	Autres cas	Affranchissements réguliers
1830				1
1831	5			
1832	38			
1833	5			
1834				0
1835				0
1836				0
1837				0
1838 ouverture registre		5		31
1839			1 en double	8
1840				1
1841				6
1842	1			6
1843				7
1844				18
1845				2
1846	3			10
1847				8
1848				2
1849				1
Total	52	5	1	159

Il parait qu'un maximum de 31 affranchissements se passe après l'ouverture du registre. Parmi les affranchis de 1838, il y a 29 esclaves provenant de la traite illicite découvert en 1831 qui s'est passé quelques années avant. Ils sont affranchis en juillet 1831 pour être les premiers engagés forcés dans des domaines coloniales (v. Lafleur 2018).

Baillif a presque 1.800 habitants (recensement 1845).

3.4. Basse-Terre

Basse-Terre inscription	Ne s'inscrit pas	Aucune source juridique	Autres cas	Affranchissements réguliers
1827	12			
1828	3			
1829	12			
1830	1			
1831	88			
1832	297			
1833 ouverture registre	4	2		292
1834	6	1	3 en double ; 3 reportés, décédés avant 1848 ou affranchi par Schoelcher?	169
1835	2		1 en double	140
1836	5	3		129
1837	4	2	1 affranchi avec Schoelcher (maitre: Gouverneur); 1 reporté, décédée avant 1848 ou affranchi par Schoelcher?	92
1838	3	1		94
1839	8	2		43
1840				61
1841	9			59
1842	1			60
1843	1			54
1844	1			52
1845				67

1846	4		3 en double	142
1847	5	3		109
1848				79
1849				8
1850		1		5
1851				1
1852				1
1859				2
Total	466	15	12	2.152

Le nombre d'affranchissements a été relativement élevé en 1832, 1833, 1835, 1836 et 1846.

Basse-Terre semble être une ville turbulente. Cela se montre dans les migrations et des activités économique de quelques familles à Basse-Terre et les alentours. Dès le début, le montant d'affranchissements est relativement haut. Beaucoup plus de personnes ne s'inscrivent pas comparées aux petites communes ou la vie semble être plus lente. Il y a plus de cas hors la norme que dans les petites communes.

Quelques affranchissements trainent depuis des années, voire des décennies. Ces cas sont réglés dans plusieurs arrêtés, parfois dans plusieurs années à la suite. Les premiers groupes ont dû payer une taxe. Un exemple est un groupe affranchi le 9 décembre 1829 qui paie une taxe de 19.250 F au total. Un autre groupe, affranchi le 3 janvier 1831, paie une taxe de 23.362 F. Lorsque le baron Vatable départ pour la France, il rédige un arrêté qui affranchit un groupe gratuitement (1 juin 1831). Le roi Louis-Philippe fait la même chose lors de la fête du trône le 06 août 1831. Vers la fin de 1832 (2 octobre), il y avait une première vague d'affranchissements. Les officiels n'ont noté que le prénom de l'esclave et le „mérite" pour l'affranchissement : mariage, parenté, dispositions testamentaires. Ces vagues qui occupent le Conseil, concernent surtout Basse-Terre et Pointe-à-Pitre. Peut-être la pression était trop grande pour garantir la stabilité du système.

Basse-Terre a presque 6.700 habitants (recensement 1845).

3.5. Bouillante

Bouillante inscription	Ne s'inscrit pas	Aucune source juridique	Autres cas	Affranchissements réguliers
1828	3			
1829	1			
1831	1			
1832	31			
1833 ouverture registre				34
1834				13
1835				25
1836				10
1837				5
1838				12
1839				1
1840				6
1841				2
1842	1			3
1843				6
1844				14
1845				3
1846				19
1847				8
1848				6
Total	37	0	0	204

Le maximum d'affranchissements est atteint en 1833. Bouillante compte un peu plus que 2.000 habitants (recensement 1845).

3.6. Capesterre-Belle-Eau

Capesterre-Belle-Eau inscription	Ne s'inscrit pas	Aucune source juridique	Autres cas	Affranchissements réguliers
1822	1			
1827	2			
1829	1			
1831	20			
1832	46			
1833	68			
1834 ouverture registre				43
1835			1 en double	30
1836		3		27
1837	1			12
1838				30
1839				17
1840				19
1841				19
1842	1			27
1843				16
1844				18
1845				16
1846				27
1847	1			38
1848	1			18
Total	142	3	1	503

Le montant d'affranchissements est élevé entre 1832 et 1834. Le maximum est atteint en 1833, une année avant l'ouverture du registre „affranchissements". En 1845, lors du recensement, Capesterre-Belle-Eau a environ 3.600 habitants.

3.7. Deshaies

Deshaies inscription	Ne s'inscrit pas	Aucune source juridique	Autres cas	Affranchissements réguliers
1829	2			
1831	12			
1832	35		Un bébé nait libre. Il est dans le fichier pour être attaché à la filiation.	
1833 ouverture registre				20
1834				15
1835				6
1836				0
1837				2
1838				3
1839				11
1840				8
1841				13
1842				0
1843				2
1844				3
1845				4
1846				4
1847				7
1848				0
Total	49	0	0	147

Le maximum d'affranchissements est noté pour 1832, une année avant l'ouverture des registres. En 1845, la commune a un peu moins que 950 habitants.

3.8. Gourbeyre

Gourbeyre inscription	Ne s'inscrit pas	Aucune source juridique	Autres cas	Affranchissements réguliers
1829	12			
1831	3			
1832	18			
1833				0
1834	1			
1835	.			0
1836				0
1837				0
1838 ouverture des registres				4
1839				8
1840				11
1841		1	1 en double	13
1842				12
1843	1			11
1844				17
1845	1			3
1846				50
1847				44
1848				20
Total	36	1	1	231

Comme Gourbeyre est proche de Basse-Terre, quelques familles qui sont actifs économiquement à Basse-Terre, le sont également à Gourbeyre, d'après les patronymes.

Les protocoles et le bulletin ne précisent pas d'affranchissements pour Gourbeyre entre 1833 et 1837. Je me demande si l'atmosphère était un peu traditionnelle dans la commune ou quoi peut être la cause pour cela.

Il semble que la pression générale de Basse-Terre fait agir les propriétaires comme dans cette ville en 1846 et 1847. Comme je l'ai dit, quelques propriétaires sont les mêmes ou apparentés à quelqu'un de Basse-Terre avec le même patronyme.

En 1845, Gourbeyre a environ 2.300 habitants.

3.9. Goyave

Goyave inscription	Ne s'inscrit pas	Aucune source juridique	Autres cas	Affranchissements réguliers
1827	1			
1830	1			
1831	1			
1832	6			
1833	0			
1834	0			
1835	0			
1836 ouverture des registres			2 en double	
1837				2
1838				3
1839	1			5
1840				4
1841				5
1842				0
1843				0
1844				0
1845				3
1846				3
1847		2		5
1848				2
Total	10	2	2	46

En 1845, Goyave a un peu plus que 1.000 habitants. Le nombre d'affranchissements est relativement faible. Peut-être Goyave était une commune „traditionnelle".

3.10. La Désirade

La Désirade inscription	Ne s'inscrit pas	Aucune source juridique	Autres cas	Affranchissements réguliers
1830	1			
1831	2			
1832	2			
1833 ouverture registre	1			64
1834	1			30
1835				21
1836				10
1837				10
1838				7
1839				17
1840				21
1841				4
1842				17
1843				8
1844				16
1845				19
1846				17
1847				26
1848				8
Total	7	0	0	302

En 1845, La Désirade a eu environ 1.700 habitants. Le maximum d'affranchissements est atteint en 1833, lors de l'ouverture de l'enregistrement.

3.11. Lamentin

Lamentin inscription	Ne s'inscrit pas	Aucune source juridique	Autres cas	Affranchissements réguliers
1827	2			
1828	1			
1830	1			
1831	10			
1832	53			
1833 ouverture registre				67
1834			3 en double	63
1835		1		32
1836				26
1837				30
1838				23
1839				17
1840				15
1841				12
1842				6
1843				14
1844				2
1845				19
1846				15
1847				38
1848				2
Total	67	1	3	452

Le montant des affranchissements est élevé entre 1832 et 1834 et atteint son maximum en 1833. Le Lamentin a eu environ 4.000 habitants en 1845.

3.12. Le Gosier

Le Gosier inscription	Ne s'inscrit pas	Aucune source juridique	Autres cas	Affranchissements réguliers
1828	2			
1829	2			
1830	1			
1831	3			
1832	50			
1833 ouverture registre				116
1834	2	1		90
1835	1			48
1836	1			45
1837			2 en double	32
1838				16
1839	2			21
1840				11
1841				41
1842				29
1843				13
1844				17
1845				12
1846	1			38
1847				56
1848				15
Total	65	1	2	668

Le Gosier a eu environ 3.700 habitants en 1845. Le besoin est très fort d'affranchir 116 esclaves en 1833 lors de l'ouverture des registres.

3.13. Le Moule

Le Moule inscription	Ne s'inscrit pas	Aucune source juridique	Autres cas	Affranchissements réguliers
1827	4			
1828	1			
1829	1			
1831	10			
1832	68			
1833 ouverture registre	1		1 en double	130
1834			1 en double	40
1835				42
1836				53
1837				40
1838				35
1839				25
1840				34
1841				25
1842	1	1		26
1843				2
1844				57
1845				35
1846				40
1847				48
1848				61
Total	86	1	2	782

Au Moule, le maximum est également atteint en 1833. En 1845, le Moule a environ 9.800 habitants.

3.14. Les Abymes

Les Abymes inscription	Ne s'inscrit pas	Aucune source juridique	Autres cas	Affranchissements réguliers
1829	1			
1831	4			
1832	58			
1833				0
1834				0
1835				0
1836	8			
1837				0
1838 ouverture registre				22
1839	1			43
1840				17
1841				25
1842				10
1843				23
1844	1			23
1845				10
1846				44
1847	1			41
1848	1			7
Total	75	0	0	340

Avant l'ouverture du registre aux Abymes en 1838, des affranchis (pas tous) se sont inscrits à Pointe-à-Pitre. Il reste à éclaircir s'ils sont restés définitivement dans la ville.

Le maximum des affranchissements est atteint en 1832. La pression de la ville Pointe-à-Pitre, proche, se pourrait faire sentir en 1846 et 1847 où les chiffres augmentent. En 1845, Les Abymes ont environ 4.600 habitants.

3.15. Les Saintes / Terre-de-Bas / Terre-de-Haut

Les Saintes & Terre-de-Bas & Terre-de-Haut inscription	Ne s'inscrit pas	Aucune source juridique	Autres cas	Affranchissements réguliers
1829	1			
1831	2			
1832 (ouverture Terre-de-Bas)	26			4
1833 ouverture registre Terre-de-Haut	1			37
1834				20
1835				13
1836				6
1837				6
1838				6
1839				5
1840	1			8
1841				2
1842				11
1843				8
1844				9
1845				6
1846				9
1847				5
1848				5
Total	31	0	0	191

La désignation de l'île a varié au cours du temps. Au début, les affranchissements sont seulement répertoriés sous „Les Saintes". En octobre 1832, le Conseil commence à faire la distinction entre Terre-de-Haut et Terre-de-Bas. Les deux iles réunissent 1.270 habitants en 1845.

3.16. Morne-à-l'Eau

Morne-à-L'Eau inscription	Ne s'inscrit pas	Aucune source juridique	Autres cas	Affranchissements réguliers
1827	1			
1831	9			
1832	18			
1833 ouverture registre				178
1834				89
1835	1			25
1836	2			28
1837				19
1838				19
1839	1			12
1840	1			13
1841				24
1842				8
1843				5
1844				22
1845				16
1846	1			21
1847	1			20
1848	1			13
Total	36	0	0	548

Le besoin est particulièrement grand en affranchissements en 1833, lors du l'ouverture du registre. Il semble qu'en 1842 et 1843, il n'y a „plus personne à affranchir" dans le sens que les habitants sont à leurs limites pour garantir la continuation de leurs affaires? Morne-à-L'Eau compte un peu plus que 3.500 citoyens dans la commune.

3.17. Petit-Bourg

Petit-Bourg inscription	Ne s'inscrit pas	Aucune source juridique	Autres cas	Affranchissements réguliers
1827	1			
1829	1			
1831	5			
1832	8			
1833 ouverture registre				62
1834				31
1835	2		1 en double	31
1836				17
1837				17
1838				9
1839				3
1840				1
1841				25
1842				12
1843				2
1844	1			23
1845				14
1846				10
1847				21
1848				7
Total	18	0	1	304

En 1845, Petit-Bourg a un peu plus que 3.500 habitants. Le maximum d'affranchissements est atteint en 1833.

Il semble que des familles avec les mêmes patronymes soient actifs à Petit-Bourg et Le Gosier.

3.18. Petit-Canal

Petit-Canal inscription	Ne s'inscrit pas	Aucune source juridique	Autres cas	Affranchissements réguliers
1829	1			
1830	1			
1831	8			
1832	11			
1833 ouverture registre	1			42
1834				110
1835	1			43
1836				40
1837				25
1838				5
1839				6
1840	3			11
1841	1			15
1842				5
1843				11
1844				12
1845				16
1846				28
1847				45
1848				10
Total	27	0	0	451

Le besoin est accentué d'affranchir en 1834. À partir de 1838, il semble que la commune est arrivée au minimum de personnes à affranchir pour faire fonctionner les plantations pendant quelques années. Petit-Canal compte environ 7.500 citoyens en 1845.

3.19. Pointe-à-Pitre

Pointe-à-Pitre inscription	Ne s'inscrit pas	Aucune source juridique	Autres cas	Affranchissements réguliers
1827	7			1
1828	1			
Seulement pour 1829 ouverture registre	11	5 probablement publiés auparavant, inconnu		11
1830	1			
1831	57			
1832 ouverture registre	24	8, probablement publiés auparavant, inconnu		71
1833	5	9, probablement publiés auparavant, inconnu	4 en double	972
1834		4, probablement publiés auparavant, inconnu	3 en double	409
1835	41	2		270
1836	27	1		178
1837	20	1		145
1838	7	1		124
1839	2	2	4 en double	92
1840	6	0	3 en double	66
1841			108 (incendie)	17
1842	1		68 (incendie)	4
1843		1		11
1844	7			166
1845	7			116
1846	9	1		132
1847	21	1	2 en double	147

1848	10			41
Total	264	36	192	3.465

Comme dans la ville de Basse-Terre, le processus est un peu chaotique. Au cours des ans, il fallait embaucher des surnuméraires pour aider à gérer les affranchissement (de même pour Basse-Terre).

Un incendie détruit les registres le 8 février 1843. (De même pour les actes notariés. Maitre notaire Thionville se rend a Paris pour refaire les doubles et restaurer les archives des minutes. Il est récompensé par le roi de 12.000 F.) J'ai reconstitué les personnes affranchis à la base des mentions dans le protocole du Conseil et le bulletin. J'estime que la majorité s'est inscrite comme dans les années auparavant.

Le nombre de personnes qui ne s'inscrivent pas est particulièrement élevé à Pointe-à-Pitre et un peu moins à Basse-Terre. Ces personnes peuvent être trouvés néanmoins dans des déclarations de naissances de leurs enfants, reconnaissances, mariages et décès.

Pointe-à-Pitre a eu presque 11.000 citoyens en 1845.

3.20. Pointe-Noire

Pointe-Noire inscription	Ne s'inscrit pas	Aucune source juridique	Autres cas	Affranchissements réguliers
1807			1 mentionné dans un mariage	
1809			1 mentionné dans un mariage	
1814			1	
1818			1 mentionné dans un mariage	
1831	1		2 mentionnés dans un mariage	1
1832	40		1 mentionné. 3 mentionnés dans des mariages	
1833 ouverture registre				39
1834				52
1835			2 en double	31
1836	1			16
1837				10
1838				10
1839				9
1840				8
1841				7
1842	1			19
1843				13
1844				14
1845				17
1846				23
1847	7			13
1848	9			8
Total	59	0	12	361

Un bénévole nous avait envoyé une liste d'affranchissements, mariages, naissances et décès trouvés pour Deshaies et Pointe-Noire. C'est pour cela que les entrées remontent à 1807 pour la Pointe-Noire.

Cela m'a inspiré à l'idée d'ajouter une colonne pour l'état-civil et le notariat, souvent encore vides. Des ajouts pourraient être faits.

Vers la fin, il y a des affranchis qui ne s'inscrivent plus. Pointe-Noire atteint son maximum en 1834. Comme dans quelques autres communes, le nombre en affranchissements a baissé après probablement pour que les plantations puissent continuer à fonctionner. En 1845, Pointe-Noire à eu environ 2.600 habitants.

3.21. Port-Louis

Port-Louis inscription	Ne s'inscrit pas	Aucune source juridique	Autres cas	Affranchissements réguliers
1830	1			
1831	9			
1832	16			
1833 ouverture registre				85
1834				43
1835				40
1836				20
1837				18
1838		1		26
1839				15
1840				23
1841				32
1842				14
1843				0
1844				29
1845				11
1846			3 en double	21
1847				13
1848			1 en double	5
Total	26	1	4	426

Port-Louis atteint son maximum en affranchissements en 1833. La commune a environ 5.000 habitants en 1845.

3.22. Saint-Claude

Saint-Claude inscription	Ne s'inscrit pas	Aucune source juridique	Autres cas	Affranchissements réguliers
1827	1			
1828	0			
1829	1			
1830	0			
1831	5			
1832	48			
1833	0			
1834	0			
1835	0			
1836	0			
1837	0			
1838				4
1839				9
1840				8
1841		1		13
1842		4		20
1843				25
1844	3			3
1845				10
1846				25
1847		1		12
1848		1		6
1849				2
1850				1
Total	58	7	0	203

Saint-Claude a eu son maximum en 1832. Des affranchissements n'étaient pas prononcés entre 1833 et 1838. La commune compte environ 3.500 habitants en 1845. Il y a des propriétaires de Saint-Claude desquels les familles sont également actives à Basse-Terre.

3.23. Saint-François

Saint-François inscription	Ne s'inscrit pas	Aucune source juridique	Autres cas	Affranchissements réguliers
1809-1831			1 durée de l'affranchissement	
1828	1			
1829	1			
1831	7			
1832	31			
1833 ouverture registre	1			126
1834				45
1835				43
1836		1		43
1837	1			8
1838		2		24
1839				28
1840				21
1841				24
1842				15
1843				10
1844				22
1845				12
1846		1		30
1847				33
1848				2
Total	42	4	1	533

La pression a été là pour prononcer beaucoup d'affranchissements en 1833. En 1845, la commune compte environ 6.700 habitants.

3.24. Sainte-Anne

Sainte-Anne inscription	Ne s'inscrit pas	Aucune source juridique	Autres cas	Affranchissements réguliers
1831	3			
1832	45			
1833 ouverture registre		1	1 en double	64
1834				50
1835			2 en double	23
1836	2		2 en double	53
1837	3		2 en double	45
1838		1		24
1839			1 en double	16
1840				18
1841				14
1842				5
1843			1 en double	11
1844				51
1845				36
1846				37
1847	1			45
1848				32
Total	54	2	9	589

La commune de Sainte-Anne atteint son maximum en affranchissements en 1833. En 1845, lors du recensement, Sainte-Anne a environ 6.200 habitants.

3.25. Sainte-Rose

Sainte-Rose inscription	Ne s'inscrit pas	Aucune source juridique	Autres cas	Affranchissements réguliers
1827	1			
1830	1			
1831	13			
1832	3			3
1833 ouverture registre	3			110
1834		1		44
1835			1 en double	30
1836				23
1837				19
1838				7
1839				7
1840				11
1841				14
1842				7
1843				0
1844				29
1845				20
1846				29
1847				34
1848				7
Total	21	1	1	417

Également, la commune de Sainte-Rose atteint son maximum en 1833. Sainte-Rose a environ 4.200 habitants en 1845.

3.26. Trois-Rivières

Trois-Rivières inscription	Ne s'inscrit pas	Aucune source juridique	Autres cas	Affranchissements réguliers
1829	1			
1830	1			
1831	7			
1832	51			
1833 ouverture registre				74
1834				38
1835				19
1836				11
1837	1		1 en double	23
1838	1			10
1839			1 en double	20
1840	4		2 en double	23
1841				17
1842				12
1843				15
1844				15
1845	1		2 en double	17
1846	1			24
1847	1			44
1848				7
Total	69	0	6	444

Le maximum d'affranchissements pour Trois-Rivières est en 1833. La commune a environ 3.200 habitants en 1845.

3.27. Vieux-Fort

Vieux-Fort inscription	Ne s'inscrit pas	Aucune source juridique	Autres cas	Affranchissements réguliers
1829	1			
1831	2			
1832	1			
1833 ouverture registre				35
1834				4
1835				2
1836	1			3
1837				3
1838				3
1839				4
1840				0
1841	2			8
1842	1			18
1843				13
1844				15
1845			1 en double	0
1846				22
1847				18
1848	1			7
Total	9	0	1	165

Le maximum d'affranchissements est inscrit en 1833. Vieux-Fort a environ 970 habitants en 1845.

3.28. Vieux-Habitants

Vieux-Habitants inscription	Ne s'inscrit pas	Aucune source juridique	Autres cas	Affranchissements réguliers
1828	1			
1831	12			
1832	53			
1833 ouverture registre	1	1		61
1834				33
1835	1			22
1836		1		10
1837				7
1838				1
1839				5
1840				12
1841				9
1842			1 en double	2
1843				16
1844	1			3
1845				7
1846				17
1847	1			22
1848	4			3
Total	74	2	1	233

Vieux-Habitants a son maximum en affranchissements en 1833.

Une famille est affranchie quelques semaines avant le 27 mai 1848 et ne s'inscrit plus.

Vieux-Habitants a environ 2.300 habitants en 1845 lors du recensement.

3.29. Marie-Galante

Marie-Galante inscription	Ne s'inscrit pas	Aucune source juridique	Autres cas	Affranchissements réguliers
1820	1			
1827	2			
1828	4			
1829	2			
1830	3			
1831	10			
1832	29			
1833 ouverture registre	2		3 en double	284
1834		1	4 en double	204
1835				98
1836				89
1837	6			85
1838				42
1839				4
Total	59	1	7	873

Au début, Marie-Galante était pris comme entité. Au cours du temps, une catégorisation a eu lieu (Joinville, Joinville campagne, Grand-Bourg, Capesterre-Marie-Galante, Vieux-Fort St. Louis).

La dernière inscription dans ce registre est le 4 octobre 1839.

Le maximum en affranchissements est remarquable en 1833.

3.30. Capesterre Marie-Galante

Capesterre (Marie-Galante) inscription	Ne s'inscrit pas	Aucune source juridique	Autres cas	Affranchissements réguliers
1840	1			
1841	14			
1842	1			
1843 ouverture registre				14
1844				11
1845				22
1846				19
1847				16
1848				23
Total	16	0	0	121

Avec la fermeture du registre général pour Marie-Galante, des registres doivent s'ouvrir pour des communes différentes. Cela se passe pour Capesterre-de-Marie-Galante seulement en 1843. Probablement, le rythme atteint avant en affranchissements se prolonge pour la commune. En 1845, la commune de Capesterre-Marie-Galante compte environ 4.350 habitants.

3.31. Grand-Bourg & Joinville Marie-Galante

Grand-Bourg & Joinville (Marie-Galante) inscription	Ne s'inscrit pas	Aucune source juridique	Autres cas	Affranchissements réguliers
1841	13			
1842	9			
1843 ouverture registre				12
1844		1		13
1845				34
1846	1			27
1847	1		2 en double	29
1848				12
Total	24	1	2	130

La même chose pour Grand-Bourg: Le registre central est fermé et l'autre ouvert seulement en 1843. Entretemps, les nouveaux citoyens ne peuvent pas s'inscrire.

En 1845, Grand-Bourg a environ 2.100 habitants.

3.32. Grand-Bourg & Joinville campagne (extra-muros)

Grand-Bourg & Joinville campagne ou extra-muros (Marie-Galante) inscription	Ne s'inscrit pas	Aucune source juridique	Autres cas	Affranchissements réguliers
1832	12			
1840 ouverture registre				26
1841				11
1842				12
1843				21
1844				7
1845				8
1846				20
1847	1			29
1848	5			20
1849				2
Total	18	0	0	174

En 1845, cette commune a environ 4.500 habitants.

Il semble que cette commune suit également son rythme en affranchissements atteint avant.

3.33. Vieux-Fort Saint-Louis (Marie-Galante)

Vieux-Fort Saint-Louis (Marie-Galante) inscription	Ne s'inscrit pas	Aucune source juridique	Autres cas	Affranchissements réguliers
1812-1826			1 durée d'affranchissement	
1827	1			
1831	6		3 en double	
1832	1			
1840 ouverture registre				11
1841				17
1842				4
1843				8
1844				0
1845				7
1846				13
1847				20
1848				4
Total	8		4	96

La commune de Vieux-Fort-de-Marie-Galante (Saint-Louis) compte environ 2.800 habitants en 1845. Elle semble continuer son rythme connu également.

3.34. Saint-Martin

Saint-Martin inscription	Ne s'inscrit pas	Aucune source juridique	Autres cas	Affranchissements réguliers
1833 décembre ouverture registre	24			14
1834				21
1835				32
1836	2			15
1837				17
1838	1			35
1839	1			27
1840	3			22
1841	6			6
1842	4			14
1843				20
1844	1			14
1845				22
1846	2			15
1847	1	1		24
1848				5
Total	45	1	0	349

Saint-Martin compte environ 3.600 habitants en 1845. Le maximum d'affranchissements se passe en 1838. 2298

4. Calculs de l'ensemble

Restent les cas de la traite illicite qui ne sont repérés nulle-part sous les affranchissements : 108.

Leur arrêté qui stipule leur affranchissement avant de le changer dans un engagement de travail forcé pour sept plusieurs années est publié le 23 juillet 1831. Avant, le Conseil discute comment procéder avec eux. Cela se poursuit en été 1838 lorsque leur deuxième affranchissement se passe. En principe, ce groupe est dupé. Ils auraient dû obtenir leur affranchissement définitif en juillet 1831. En effet, ils proviennent de deux goélettes (L'Anémone, débarqué en Guadeloupe en janvier 1824 et Jeune Adèle, confisquée le 15 mai 1824) (v. Lafleur 2018). Quelques-uns sont dans l'inventaire de l'habitation domaniale de Saint-Charles (v. Lafleur 2018). Je pense que ce groupe a été au service des habitations domaniales dès le début.

À partir de 1827, les registres sont complets. On peut constater alors que tous les affranchissements entre 1827 et 1848 sont publiés dans le protocole du Conseil de la Guadeloupe et le bulletin officiel. Les voies en écartant le Conseil par un notaire ou quoi que ce soit n'existe pas. Chaque dossier a été évalué dans et sur le bureau du Conseil.

On peut alors établir un tableau des affranchissements obtenus entre 1827 et 1848 pour les communes et les mettre en relation avec le nombre de citoyens qui habitent dans une commune:

Commune	Affranchissements entre 1827 et 1848	Population en 1845 selon le recensement (Libres et esclaves)
Anse-Bertrand	331	5.040
Baie-Mahault	365	3.908
Baillif	158	1.793
Basse-Terre	2.140	6.646
Bouillante	204	2.029
Capesterre	501	3.688
Deshaies	147	944
Gourbeyre	230	2.298
Goyave	44	1.050
La Désirade	302	1.710
Lamentin	449	4.051
Le Gosier	666	3.725
Le Moule	780	9.783
Les Abymes	340	4.636
Les Saintes	191	1.270
Morne-à-L'Eau	548	3.577
Petit-Bourg	303	3.563
Petit-Canal	451	7.546

Pointe-à-Pitre	3.449	10.902
Pointe-Noire	349	2.616
Port-Louis	422	4.908
Saint-Claude	203	3.491
Saint-François	531	6.701
Sainte-Anne	580	6.269
Sainte-Rose	416	4.197
Trois-Rivières	438	3.259
Vieux-Fort	164	969
Vieux-Habitants	232	2.312
Marie-Galante	865	
Capesterre Marie-Galante	121	4.347
Grand-Bourg Marie-Galante	128	2.136
Joinville extra-muros	174	4.527
Vieux-Fort Saint-Louis Marie-Galante	92	2.861
Saint-Martin	349	3.629
Total	16.663	130.381

Méthodiquement, une comparaison directe n'est pas claire, car les affranchis de 1827 à 1845 sont déjà compris dans la population. Au moins, le tableau donne une idée de l'importance des affranchissements avant 1848.

Houdaille (1980) avance une croissance annuelle de la population de 0,6 % pour la Martinique. Je pense que ce chiffre peut être appliquée à la Guadeloupe pour estimer le pourcentage d'affranchis dans la société.

Avec ces chiffres, il serait possible de faire des calculs exacts pour la population libre si on prend les naissances et décès de l'état-civil. Mais je ne sais pas si ce travail pénible valait la peine, puisqu'une croissance annuelle de 0,6 % peut être appliquée comme moyenne pour toute la population.

4.1. Catégorie personnes à l'origine des affranchissements :

Cela peut être le Procureur du Roi, dans les derniers jours avant Schoelcher le Commissaire du Gouvernement. Dans quelques cas, le maître / patron et la personne à affranchir sont d'accord que cette personne soit affranchie. Dans d'autres cas, c'est un membre libre de la famille qui est à l'origine de l'affranchissement. Dans quelques contextes spéciaux, une personne apparentée peut être l'esclave d'une autre personne apparentée, difficile à comprendre et imaginer.

La base de données comprend dans cette catégorie des grands blancs, des petits blancs, des gens de couleur libres. De ce point de vue, c'est dérisoire ou illusoire de vouloir ou pouvoir catégoriser en „maître / pas maître" „blanc / pas blanc". Cela serait trop simple, dérisoire et ne reflète pas la complexité de la société créole et des relations humaines. Même dans les patronymes et prénoms des personnes à l'origine de l'affranchissement, il ya une continuité. Il y a des patronymes et prénoms qui sont certainement „blancs" et d'autres qui ne le sont certainement pas. Entre les deux pôles, il y a une continuité et complexité. Dans la répartition, on pourrait chercher le schéma des „10 %, 10 %, 80 %" et en déduire que probablement nombreux gens de couleur libres ont eu des esclaves. Dans un moment, j'avais pensé que la dénomination „sieur" versus „monsieur" comme „dame" versus „madame" et „demoiselle" versus „mademoiselle" serait un essai de catégorisation. Mail il semble que le terme „sieur" soit juridique et réfère à un „honneur" (dans le regard du temps: leur place dans la société), car il y a des personnes „blancs" qui soient notés comme „Monsieur" ou „Sieur". Les leaders sont plutôt les blancs - et un homme de couleur libre serait rarement appelé monsieur. Mais pour évaluer si l'utilisation des termes est à la base d'un essai de catégorisation, il faut avoir une connaissance profonde de la famille qu'on examine.

En parcourant le protocole des séances du Conseil, avec un peu de chance et d'endurance, on trouve deux catégories de listes différentes qui nomment des esclaves proposés pour l'affranchissement.

Cette liste ainsi que la liste des esclaves affranchis par la loi de juillet 1845 sont comprises dans deux „sous-registres" du fichier.

4.1.1. Premier sous-registre : les esclaves de domaines coloniaux

Dans le protocole et le bulletin, la gestion, les restructurations, problèmes, visites et autres points de discussion sont traités en longueur, parfois avec les maitres qui changent au cours du temps.

Les esclaves des domaines coloniales comme Dolé (Gourbeyre), Grand Marigot et Petit Marigot (Baillif) sont proposés pour l'affranchissement. Dans les arrêtés fixant leur affranchissement, ils apparaissent sous „Procureur du Roi". On peut donc préciser que la plupart des esclaves désignés ainsi provient des domaines coloniaux. Sauf les cas, ou le gouverneur se porte comme avocat de la cause et agit ex officio en faveur de l'esclave - ceux-là proviennent du marché privé.

Les arrêtés préparant les affranchissements des esclaves de domaine soient formulés seulement sur la base de la dépêche ministérielle du 21 août 1845 no. 473.

J'ai trouvé trois groupes proposés pour leur affranchissement, dans les séances du 07/11/1845, 14/12/1846 et 11/02/1848. Dans les années avant, aucune source de droit spéciale a existé pour eux. Il semble que les esclaves de domaines coloniales à affranchir étaient simplement compris dans le processus d'affranchissement et traités comme les autres qui ne dépendaient pas des domaines coloniaux. Donc, une publication de préparation d'affranchissement n'a pas eu lieu pour ce groupe avant le 07 novembre 1845.

J'ai essayé de trouver la publication de cette dépêche ministérielle dans le bulletin et le protocole.

Une dépêche ministérielle no. 473 du 21/08/1845 ne se trouve pas dans le bulletin. Le dernier arrêté du bulletin complet est le no. 442.

Ces esclaves, comme les autres, doivent toujours mériter leur affranchissement par une bonne conduite, souligné par des renseignements chez le maitre, le curé, la justice, la milice.

Dans la séance du 07/11/1845, il est question d'affranchir des esclaves du domaine colonial qui ont été affectés aux travaux de service publique. Comme d'habitude pour cette catégorie, le résultat de la séance doit être communiqué au département de la marine.

Des quarante esclaves en question, 17 sont exclus de la procédure. Prenons un exemple, Lucile, 42 ans avec son fils Bertrand, 13 ans. Elle est alcoolique et n'a aucune instruction religieuse. Elle appartenait à M. Douillard-Mahaudière et a été acheté par lui. La cour de Pointe-à-Pitre avait condamné Lucile (accusation : empoisonnement). À la suite de ce procès, elle a voulu quitter son maitre ce qui a été fait. Il y a plusieurs années, quand elle appartenait encore à M. Douillard-Mahaudière, sa fille alors âgée de moins de 14 ans a pu être affranchie. Le Conseil voulait attendre la réponse du tribunal. La tendance est que sa conduite n'était pas irréprochable depuis qu'elle a été attachée au domaine colonial. Un an plus tard, dans la séance du 14/12/1846, elle et son fils se retrouvent sur la liste des personnes à affranchir. Finalement, leur affranchissement a lieu le 21 décembre 1847.

Dans la même séance, il y a quelques femmes avec des enfants en bas âge qui sont proposées pour leur affranchissement, mais qui ne se sentent pas encore psychologiquement prêtes à savoir vivre la liberté et avoir la responsabilité d'agir comme des citoyens matures. Elles sont à ré-disposition dans la séance du 14/12/1846.

Un autre cas qui laisse penser à l'arbitraire des décisions : Marie-Claire, 26 ans, couturière, cohabitait avec Jean, les deux du domaine colonial, quatre enfants. Jean a été accusé de tentative d'incendie, mais la cour d'assises l'a jugé absous. Sinon, il aurait dû été déporté au Sénégal. La décision pour l'affranchissement de Marie-Claire est négative car elle aurait pu être la complice.

Un autre cas encore montre que le domaine colonial est l'employeur / maitre pour ceux qui doivent rester esclaves mais dont ne personne veut : Louisia, 24 ans, bonne ouvrière, a été maltraitée par sa maitresse qui a été poursuivie au tribunal pour sévices. Elle est au domaine depuis un an, mais encore trop traumatisée, aliénée et déshumanisée pour vivre la liberté.

Des 102 personnes dans cette liste, 15 lignes sont à supprimer car les personnes sont proposées deux fois, voire trois fois.

Parmi leur nombre, 87 au total, 61 obtiennent l'affranchissement avant le 27 mai 1848. Deux mères d'enfants décèdent avant leur affranchissement. Le rachat pour le groupe des domaines coloniales n'était pas nécessaire. De ce point de vue, ils étaient en avantage vis-à-vis les autres.

Il y a 28 personnes qui ne s'inscrivent pas. On pourrait conclure qu'ils sont affranchis par la loi de Schoelcher. Marie-Claire et ses quatre enfants sont écartées du processus de l'affranchissement, décision du 7 novembre 1845. Elles ne sont pas proposées dans les deux séances qui vont suivre. Cette famille est probablement affranchie le 27 mai 1848. De ces personnes, leur patronyme n'est pas (encore) connu puisqu'il ne figure ni dans le protocole, ni dans le bulletin, ni dans les affranchissements. Avec un peu de chance, on pourrait retrouver quelques-uns dans l'état-civil et le décès probablement à Basse-Terre.

Le temps nécessaire entre proposition et affranchissement est soit 10 mois, soit un an (61 cas).

La remarque chez quelques-uns parmi eux était qu'ils ont déjà été déclarés libres par ordonnance royale en juillet 1845 et que le Conseil a prononcé leur affranchissement début septembre. Cela montre que les affaires prennent du temps en attente de vérification finale et en attente de la séance prochaine.

Cela explique que quelques-uns parmi eux ont été débarrassés de ce processus par la deuxième abolition de l'esclavage le 27 mai 1848.

Du contingent de Dôlé avec (122 esclaves au total le 14/12/1846) 24 affranchis, restent 98 inconnus qui sont affranchis le 27/05/1848. Dans la même séance, des 32 esclaves du Grand Marigot, Baillif, 6 étaient proposés pour affranchissements. Les 26 restants inconnus sont affranchis le 27/05/1848.

Domaine coloniale,	Nombre de personnes
Affranchi avant le 27/05/1848 et compris dans le fichier général	61
Proposé et reporté	12
Affranchissement avec Schoelcher	28
Décédé	2
Total de personnes (quelques proposés sont inclus plus tard dans les affranchissements, ils sont en double dans la liste)	90

4.1.2. Deuxième sous-registre : les rachats

En ce qui concerne la dénomination „sieur/monsieur" discuté plus haut, le fichier des allocations versées aux esclaves pour aider à leurs affranchissements laisse penser que l'hypothèse „Sieur = homme de couleur, dame = femme de couleur ; Monsieur = homme blanc; Madame = femme blanche) fonctionne.

Ce fichier fournit des détails assez intéressants : Dans la séance du 16 décembre 1845, le Conseil s'est ouvert un crédit de 400.000 F pour 1846 pour couvrir les allocations à payer aux esclaves à affranchir suite à la loi du 18 juillet 1845. Il faut dire que le protocole écrit (séances du Conseil) est encore plus détaillé que le bulletin imprimé.

Parmi les esclaves qui se rachètent, le Conseil a décidé s'il fallait couvrir complètement ou partiellement le montant du prix de rachat qui était alors une créance du maitre envers l'esclave. Au début du processus, en 1846, le Conseil a eu tendance de couvrir à 100 %. Peu après, les membres du Conseil ont opté de valoriser les possibilités de la personne à se racheter si elle pourrait contribuer une partie (N.B.: Dans les deux listes, il n'y a, à l'exception des enfants de bas âge, aucun cas de „sans profession"): Une partie, souvent 100 ou 200 F, est restée comme créance pour que la personne à affranchir travaille encore un peu. On ne sait pas si les décisions étaient arbitraires ou pouvaient être une sorte de punition pour les uns, une sorte de bienfait pour les autres. Les cas ex officio parmi les rachats forcés étaient plutôt couvert complètement.

Ce groupe de rachat selon la loi du 18 juillet 1845 contient 917 lignes. Une personne apparait deux fois : Son prix de rachat a été défini dans un arrêté avant qu'il soit décidé ultérieurement de quel montant d'allocation il pourra bénéficier. Une personne a eu son arrêté personnel pour avoir déposé l'argent nécessaire du rachat au trésor, ce qui n'a rien avoir avec la procédure d'allocations.

Trois personnes sont exclues du mérite de l'affranchissement, mais mentionné en détail dans l'arrêté.

Trois autres personnes meurent entretemps comme stipulé dans un arrêté. Leur allocation déjà versée est retirée et employée pour quelqu'un d'autre. Une personne a eu de la chance : elle touche deux fois. Cela reste inaperçu.

4 autres personnes sont enregistrées deux fois dans les allocations ce qui a été remarqué plus tard.

Au moins 4 personnes ont changé de maitre et sont nommées deux fois. Chez quelques-uns, seulement la comparaison du fichier central avec ce fichier a découvert qu'ils ont changé de maitre. Le changement de maitre prolonge souvent le processus de l'affranchissement. Des restants, 37 obtiennent leur affranchissement mais ne s'inscrivent pas à la mairie (en correspondance avec le premier fichier). 188 parmi les restants sont affranchis par la loi du 27 mai

1848 et ne s'inscrivent pas. Leurs prénoms, âges, professions, maitres sont connus ; leurs patronymes ne sont pas encore connus. La grande majorité s'inscrit à la mairie, 671 personnes.

Rachats selon la loi du 18 juillet 1845, temps entre arrêté allocation et affranchissement	Créance couverte complètement, nombre de personnes	Créance couverte partiellement, nombre de personnes
0 jours (amiable)	0	1
1 mois	14	18
2 mois	91	120
3 mois	42	66
4 mois	27	60
5 mois	29	63
6 mois	18	28
7 mois	6	30
8 mois	3	9
9 mois	1	15
10 mois	5	10
11 mois	0	0
12 mois	0	14
13 mois	0	1
14 mois	2	9
15 mois	0	0
16 mois	0	0
17 mois	0	3
18 mois	0	0
19 mois	0	
Total	238	449
Cas qui sont probablement affranchis avec Schoelcher	31	160
Total	269	609

Lorsque la créance a été couverte complètement, l'affranchissement se passe plus vite. Le maximum est atteint après deux mois.

Forme de rachat	Nombre de personnes
Rachat	146
Rachat amiable	635
Rachat forcé	119
Rachat amiable devient forcé	1
Total	901

Ni les sans profession ni les esclaves des domaines coloniales ont bénéficié de la loi de juillet 1845, que ce soit un rachat amiable ou forcé.

Au cours de cette procédure, une femme est décédée. Les 250 F destinés à elle ont été employé pour une petite fille de 10 ans. Cette procédure se répète encore une fois dans un autre cas.

Une femme semble avoir eu son allocation et être affranchie le même jour, un rachat amiable.

Il y a à 13 jours entre un rachat amiable et l'affranchissement d'un journalier Rock Aser, esclave de Sieur Cleret, conseiller à la cour royale, en août 1846, un autre record.

La notion de rachat forcé (04/07/1846) ou rachat aimable (05/06/1846) apparait pour la première fois au cours de l'année 1846. Le premier rachat amiable apparait le 10/05/1846 (Abia, Brigitte). Le premier rachat forcé apparait le 04/07/1846 (Belaire, Julie). On pourrait dire que la pratique de la loi se développe selon les besoins des circonstances.

Le cas d'une famille dont l'esclave Uranie Matibelle est décédée suite à des coups de pied reçus par son maître, elle s'est enfuie après et a fait une chute mortelle, laisse à penser. Le maître était condamné à 6 mois de prison le 07 mai 1847. Le tribunal a décidé dans la même séance que la famille restante qui ne voulait plus rester chez le maître était à affranchir aussitôt. Dans la séance du 19 mai 1847, le Conseil a décidé une allocation exceptionnelle de 4.700 F pour toute la famille, deux oncles exclus desquels les témoignages à la justice n'étaient pas favorables. L'arrêté mentionne un „rachat forcé".

Le rachat forcé de Christophe, fait d'office le 05/06/1847, laisse penser à la même procédure pour sauver la vie de Christophe, maltraité, enfermé et enchaîné, muni d'un sabot de fer de 7,5 kg. Son maître a obtenu une amende de 300 F le 18/05/1847. Le Conseil a attribué une allocation de 1200 F à Christophe. De cela on peut conclure que le terme pourrait être défini par un rachat obligé duquel le Conseil se sent contraint ex officio pour sortir l'esclave d'une mauvaise relation avec son maître : Sa vie / survie serait garantie en liberté. En contraste à cela, le rachat amiable ne serait pas un rachat ou le maitre renonce à une partie du prix - car le montant du prix reste pareil, les groupes „forcé" et „amiable" comparés : De cela on pourrait conclure que dans les cas de rachat amiable l'esclave et le maître terminent leur relation juridique dans une bonne entente.

Rachat amiable : Dans des rares cas, le prix est baissé.

Un cas de rachat amiable s'est développé en rachat forcé. En conséquence, pour punir le maitre, le prix de rachat fixé et l'allocation versée ont été baissés.

Chez 22 personnes où on a oublié de noter les épargnes, la couverture est inconnue. Dans quelques cas le prix de rachat n'était pas noté. C'étaient des cas avec des sommes modestes. Il semble que ces personnes étaient handicapées et n'avaient pas de ressources. Le gouvernement a donc pris en charge leur prix de rachat (10 personnes).

	Couverture complète	Couverture partielle	Restants: addition sic, faux chiffres, ne mérite pas, couverture inconnue - oublié le montant	Total
Rachat	81	60	5	146
Rachat amiable	155	461	17	635
Rachat forcé	32	86	1	119
Décédé, dont deux amiables partielles		2		3
Exclus				2
Complètement inconnu, un prénom dans l'addition des allocations sans arrêtés				1
Total	268	609	23	906

Comparaison de ces deux groupes aux affranchis de 1846 :

En 1846, au total. 1141 esclaves ont été affranchis. 39 % d'entre eux ont été favoris par la loi du 18 juillet 1845. Leur procédure (entre la publication de leur arrêté de rachat forcé ou aimable et la deuxième publication de leur affranchissement) s'est déroulé souvent assez vite.

Ce nombre se porte à 1064 affranchis au total en 1847 (337 se rachètent) et 320 en 1848 (94 se rachètent).

Il semble qu'il y a des familles qui sont actives économiquement dans plusieurs communes. Pour évaluer cela, il faut avoir également des connaissances approfondies.

Dans les deux fichiers des personnes proposées pour leur affranchissement et le rachat, il y a 191 (rachat) et 30 (domaines coloniales) personnes qui ne sont pas compris dans le fichier central.

Le Commissaire du gouvernement qui „vide son bureau des dossiers" les derniers jours de mai 1848, affranchit 64 personnes. Les inconnus de Dôlé, du Grand Marigot et des autres domaines coloniales qui n'étaient pas spécifiés ne se trouvent pas parmi eux : il se charge des cas qui ne proviennent pas des domaines coloniaux, vu la répartition des communes. Baillif: 2 personnes, ils peuvent être privé ou public, Basse-Terre (6), Gourbeyre (8).

J'avais pensé pouvoir établir des relations des affranchis de la traite illicite en juillet 1831, en possession du Gouvernement, avec les prénoms et patronymes de cette liste. La coïncidence de patronymes, prénoms et âges calculés n'a pas eu lieu.

En comparant les montants d'argent versés aux maitres avant mai 1848 et les chiffres de Schoelcher, on remarque que les maitres sont mieux indemnisés avant 1848, j'en reviens en bas :

Année	Nombre de personnes	Prix de rachat en F	Épargnes versées au maitre en F	Allocation versée au maitre en F
1846	457	394.255,85	200.614,66	145.119,09
1847	353	277.040	147.658,35	97.794,56
1848	95	78.150	42.450	24.300
Total	905	748.245,85	390.323,01	266.713,65

Rappel : Crédit de décembre 1845 de 400.000 F pour couvrir les allocations à verser.

Je n'ai pas pris en considération (soustraction) des trois cas morts, des cas reportés doubles et des allocations versées à une autre personne. Les cellules sont marquées, on pourrait facilement identifier les cas concernés.

Année	Affranchis au total
1846	1141
1847	1072
1848	323
Total	2.536

Remarque : quelques esclaves sont affranchis deux fois, parfois dans des années différentes

Les affranchis de la loi de 1845 (rachat) par rapport aux autres de l'année sont :

En 1846 : 40 % ; en 1847 : 32,8 %, en 1848 : 29,4 % ; par rapport au total : 35,6 %.

Par rapport au groupe des affranchis qui sont catégorisés sous l'ordonnance du 11/06/1839, on ne sait pas quelle procédure d'affranchissement avance plus vite. Mais on peut dire que ces 35,6 % ont indemnisés leurs maitres avant le deuxième affranchissement par la loi de Schoelcher.

J'ai essayé de retrouver la source de publication de l'ordonnance du 11 juin 1839 dans le protocole et dans le bulletin, sans succès. Il y a seulement une référence dans un article de Wikipédia, qui explique que l'ordonnance fixe que les esclaves puissent porter des patronymes et doivent être enregistrés par leurs maitres dans des registres d'esclaves tenus dans la commune. Selon ma compréhension, cette ordonnance s'applique à tous les affranchis, rachat ou non : Tous les affranchis qui ne se sont pas rachetés à partir de 1846 sont automatiquement dans le groupe du 11 juin 1839 et ceux affranchis après le 11 juin 1839 également.[5]

Le gouvernement a cessé de verser les allocations après le 04/03/1848 en sachant que le deuxième affranchissement allait venir bientôt.

---

[5] cf.https://fr.wikipedia.org/wiki/Patronymes_des_anciens_esclaves_de_la_Guadeloupe#Gordien201 3, accès le 05/11/2020

Toujours dans le fichier des allocations versées, j'ai essayé de définir le nombre de maitres différents de 1846 à 1848, quelques-uns apparaissent plusieurs fois. J'ai essayé de homologuiser les noms et patronymes : 478 maitres et maitresses affranchissent environ 900 esclaves. Si ce chiffre servait de modèle pour le grand fichier des affranchissements, on pourrait avancer le chiffre à 25.500 personnes au total, un cinquième de la population de la Guadeloupe au cours d'une génération.

4.2. Personnes à l'origine des affranchissements

J'ai entrepris un deuxième, voire troisième tour, pour homologuer encore mieux les noms des personnes à l'origine des affranchissements.

Quelques-uns réfèrent plus au moins clairement au marché public, et les autres au marché privé.

À l'origine de l'affranchissement	Nombre de personnes affranchis
Pas encore repéré	**25**
Non précisé (surtout en 1832)	**943**
Libre (catégorie créée au début un bébé de Pointe-Noire né libre réuni avec la filiation	**1**
Ne personne (idem)	**10**
Conseil Colonial	**2**
Gouverneur dont les restants de la traite illicite de 1824 / 1831 et quelques décisions exceptionnelles	**113**
Commissaire du gouvernement (mai 1848)	**74**
Procureur du Roi (quelques-uns du marché privé épaulés par le Procureur)	**728**
Ministère public	**547**
Sous total	2.443
Privé (maitre, patron, parenté) environ 5.970 personnes différentes	14.256
Total, quelques cas sont comptés deux fois	16.699

Donc, ce fichier contient au total :

16.663 affranchissements avec des noms connus :

Plus au moins 532 affranchissements anonymes par environ 5.500 personnes. Un peu plus que 22.000 personnes de la société de la Guadeloupe entre 1827 et 1848 sont alors insérés dans la base de données.

Une personne au privé affranchit environ trois personnes en moyenne, il a encore 5 esclaves en moyenne qui sont affranchis le 27 mai 1848. Comme je l'ai avancé plus haut, les catégories sont floues : qui est maitre, qui est maitre et patron, qui est patron, qui est patron et parenté, qui est maitre et parenté, qui est de la parenté et ni maitre ni patron ? De même pour les patronymes.

Quelques patronymes sont plus probables ou surs d'être „blancs", d'autres le sont moins. On ne peut même pas estimer le poids de la parenté / des patrons et maitres en comparaison au total des affranchissements. Donc, en réalité, la distinction des castes souhaité par le Code Noir était abrogé depuis longtemps. Tout le monde en était au courant et ne savait pas comment faire autrement. Depuis les années 30, des groupes de pression ont travaillé en faveur d'une abolition (v. L'article de Nelly Schmidt (2020) pp. 37-57).

En ce qui concerne quelques patronymes des personnes à l'origine des affranchissements, on peut observer parfois qu'au début, quelques-uns s'appellent x dit y. Au cours des années, ce suffixe peut disparaitre et on pourrait croire alors que la personne était issue de la branche „blanche" ce qui n'a pas été le cas (exemple : François dit Lesueur -> François Lesueur à Bouillante).

4.3. Un peu de généalogie

La comparaison avec la cohorte des indications dans un portail comme Généanet montre que quelques arbres généalogiques des utilisateurs sont encore incomplets. Le fichier montre que quelques personnes y portés „décédé, quand, inconnu" sont encore actifs entre 1826 et 1848. Les informations doivent toujours être précisés par des actes de décès de cette personne dans l'état civil. La personne souhaitant faire la recherche sait maintenant qu'il faut commencer après la dernière activité de cette personne dans le fichier.

Une comparaison des actes de mariages avec le fichier a un sens. Par hasard, j'ai pu localiser un Lubin, 48 ans, patron et comme j'a vu plus tard - égale à l'officier d'état civil - Monsieur Barbotteau, dont le lieu d'affranchissement était inconnu, car il n'était pas mentionné dans le bulletin. J'ai pu le retrouver à Port-Louis ou il se marie le 26 mai 1829.

Un exemple est incroyable : Un François Fouman est affranchi le 23 avril 1832. Il s'est racheté comme charpentier. Le 16 janvier 1834 il se marie avec Norosy à Basse-Terre et reconnait leur enfant Pierre-Niçaise. Elle est affranchie par lui le 24 décembre 1833 avec son enfant Pierre-Niçaise de 18 mois. Le 30 mai 1840, François Fouman affranchit Euphemie Foumany, couturière,21 ans. Elle se marie avec Mondésir Cassin le 31 janvier 1849 à Basse-Terre.

Avec un peu de chance j'ai pu retrouver quelques mariages qui étaient la source pour un affranchissement d'une personne qui n'a pas encore pu s'enregistrer sous les affranchissements. J'ai remarqué que quelques mariages n'ont pas eu lieu mais le patronyme a survécu dans les enfants. Exemple : Zozio de Capesterre. Emile-Zozio a été affranchi le 23/04/1832 pour faire le mariage civil, ce qu'il n'a pas fait (ce n'est pas indexé dans Généanet). Il a probablement eu une fille Elmire Zozio, née en 1833. De même pour Clotilde. Ce patronyme a survécu en Capesterre, Marie-Galante et une Clotilde a été affranchie en 1832 à Capesterre, probablement Marie-Galante, pour se marier.

Parfois, prise de curiosité (exemple : Frédéric Port-Louis 1845), j'ai fait aussi les autres. J'ai ainsi ajouté les informations des actes de mariage, si nécessaire. La femme de Frédéric est de parents inconnus. Nous apprenons de Frédéric (âge est correct entre année de son affranchissement et mariage), natif de Anse-Bertrand, charpentier (correct) que ses parents sont encore vivants en 1845 et que sa mère s'appelle Marie-Thérèse (qui a affranchi son fils en 1835). Son mari est Sieur Édouard, maçon. J'ai également trouvé Marie-Thérèse avec son âge correctement noté affranchie à Port-Louis en 1835. Elle était blanchisseuse. Dans l'acte de mariage, sans profession.

Cet exemple montre :

Parfois, les gens étaient occupés chez leur maître, une fois affranchi, ils ne l'étaient plus (je l'ai observé plusieurs fois). En effet, Lafleur parle d'une récession économique grave suite à l'abolition (cf. Lafleur 2020 : 44).

Cela vaut la peine de croiser les informations des actes de mariage avec le fichier pour pour différencier éventuellement les parents des anciens maîtres.

Adrien Guercy est affranchi le 06 août 1831, pour mariage et grâce à la fête du trône. Il se marie à l'âge de 38 ans le 10 février 1849, devenu négociant à Pointe-à-Pitre entretemps et avoir affranchi des esclaves. Les premiers, Etienne, Léocadie et Virginie entre 4 et 9 ans, sont peut-être ses neveux et nièces (il est encore trop jeune pour être leur père en 1832). Les autres sont deux familles matrimoniales complètes et deux personnes célibataires.

Jean-Charles, charpentier, 36 ans, affranchi le même jour, marie Anne Rose Mentor, 59 ans, qui l'a affranchi, le 20/12/1831 à Pointe-à-Pitre.

La réhabilitation des personnes inconnus m'a ajouté quelques enfants et a montré que quelques familles étaient affranchies deux fois.

Le numéro total de lignes se porte maintenant à 16.704.

4.4. Des couches de société différentes

Finalement, j'ai pris un effort pour effectuer la comparaison entre le groupe chez LARA 2010 et le groupe du fichier. J'ai fait la recherche plein texte. Lorsque j'ai trouvé un patronyme - je ne parle pas d'une personne - correspondant, j'ai qualifié ce patronyme d'un significatif. Au cas où on veut avoir les connaissances plus profondes, on peut se référer à la liste parue chez LARA ou faire des recherches dans les archives comme ADG, ANOM ou à Paris pour la liste des dédommagements ou le notariat de cette famille. Lara n'indique pas le nombre d'esclaves qui ont travaillé pour le maitre respectif. J'ai trouvé que sa liste n'est pas structurée et reflète le flux des dossiers trouvé dans les archives différents. D'après ce que j'ai compris, des familles (au sens du clan) ont fait plusieurs demandes, ce qui voudrait probablement dire : une par possession de terrain. Cela implique que quelques familles ont possédé des terrains dans des communes, voir iles différentes ou plusieurs terrains dans une commune. Donc il se peut qu'un patronyme quelconque reçoit un „oui" pour avoir été dédommagé „seulement" pour une personne ou vingt ou qu'une famille qui porte le même patronyme que l'autre soit traité de la même manière. Donc cette analyse n'est qu'une approche approximative.

D'après mon opinion, ce travail vaut quand même la peine, car il semble qu'on pourrait distinguer un changement de comportement, vue la position prise psychologiquement, sociologiquement ou économiquement pour ou contre les changements en cours.

J'ai trouvé des familles qui semblaient être dans „le business" avaient déjà affranchi tous leurs esclaves avant le 27 mai 1848, une observation qui serait resté inaperçue sans cette analyse. Probablement ces familles ont agi en faveur des changements en s'adaptant à eux et en payant le travail de leurs anciens esclaves (supposé le fait que les derniers n'avaient pas trop de moyens de quitter le lieu ou ils ont vécu - le fichier d'affranchissements montre trop peu de migrations). D'autres ont mis sur la carte de prolonger au maximum de continuer dans le système qu'ils connaissaient, d'être dédommagés et de s'adapter après. Je pense que cela reflète une opinion politique et psychologique différente de deux groupes qui n'aurait pas été palpable autrement. Je pense que les discussions pour et contre le changement de système ont accompagné ce stade de transition pendant vingt années et qu'ils étaient la fondation pour maintes discussions.

Cette analyse montre - visant sur les personnes „de l'autre côté pile" qui ne figurent pas chez LARA - que c'est plus probable que ces gens ont affranchi leurs proches et qu'ils n'étaient pas forcément leurs maîtres. Ou c'étaient ceux qui avaient seulement un ou deux esclaves et qui ont voulu sortir de ce système le plus vite possible, car économiquement pas avantageux pour eux. Je pense que ces personnes se sont aidées mutuellement pour s'affranchir et pour s'émanciper — bien sûr en consentement avec le maitre.

Finalement il faut dire qu'il y a encore beaucoup de patronymes qui surgissent chez LARA et qui n'apparaissent pas dans le fichier. Il y a encore un groupe de personnes qui a attendu Schoelcher et qui était quasiment „sourd" aux changements en cours.

Même si les deux groupes contiennent chacune une cohorte de plusieurs patronymes communs pour eux, on peut les opposer pour en avoir une idée de la répartition d'affranchissements. Je pense que si même l'ascension sociale est possible (exemple : Adrien Guercy), une admission de ces personnes chez les „leaders" est quasiment impossible (du point de vue de la répartition des patronymes).

On peut avancer l'hypothèse que les gens de couleur (libres) se sont entraidés avant tout. Ils étaient la force majeure en s'affranchissant avant que la loi de Schoelcher soit en vigueur !

Le résultat obtenu dépend des qualités du filtre recherche plein texte et de la distribution ou notation des patronymes composés, sans parler de la représentation graphique qui n'est pas standardisée. Pour ces raisons, ces chiffres avancés ne peuvent être que approximatifs.

Dans les patronymes, je n'ai pas distingué entre „née, Veuve, ou marié" - j'ai énuméré le patronyme s'il est apparu chez LARA 2010, n'importe-ou en Guadeloupe. J'ai pris en considération tout patronyme qui fait penser à un patronyme - donc j'ai laissé tomber des cas comme (exemple fictif) Jean dit Pitijean qui sont rentrés d'emblée dans le groupe qui n'apparait pas chez LARA 2010.

Dans le groupe des personnes à l'origine des affranchissements qui ne figurent plus chez LARA, quelques-uns le font une seule fois. Soit ils sont des petits propriétaires, soit ils affranchissent leur parenté.

La ville de Basse-Terre comprend environ 273 patronymes différentes qui reviennent chez LARA et 189 patronymes différentes de personnes qui ont affranchis tous leurs esclaves ou leur parenté avant le 27 mai 1848. Ce chiffre comprend des patronymes de 1826 - 1848. Sans compter les innombrables personnes ou les patronymes ressemblent trop à un deuxième prénom, qui ne sont pas comptés (Pointe-à-Pitre : environ encore 100 nouveaux patronymes en addition pour le groupe de LARA et environ 180 nouveaux patronymes pour le groupe qui n'est pas mentionné chez LARA).

Au total, plus que la moitié des esclaves sont affranchis par des personnes qui affranchissent tous leurs esclaves avant le 27 mai 1848. Cela sont probablement des petites propriétaires, beaucoup de personnes de la parenté et quelques grandes familles. De toute façon, ces gens ont un comportement „progressiste" vis-à-vis un système qui est encore en vigueur et qui ont poussé en avant pour établir des faits. Quant aux autres 50 % (selon la répartition des patronymes qui reviennent / vs. Les patronymes qui ne reviennent pas chez LARA 2010) à l'origine des affranchissements, ils „retiennent" encore environ 86.000 esclaves.

Sont affranchis par des maitres inconnus / Procureur du Roi compris	Affranchis par des maitres qui sont mentionnés chez LARA 2010, environ 730 patronymes différentes plus 20-30 % d'autres patronymes chez LARA qui ne sont pas dans la liste avant 1848	Affranchis par des familles qui affranchissent tous leurs esclaves avant le 27 mai 1848, de la parenté (personnes uniques, probablement petits propriétaires et quelques clans de familles entières, environ 770 patronymes différentes, sans compter les innombrables „Marie-Antoine" „Jean-Jacques" etc.
2.500	6.020	8.187

Je pense qu'on pourrait approfondir cette approche avec une analyse plus fine en croisant le recensement de 1845, si possible méthodiquement.

Ce tableau semble démontrer que le germe était semé „en bas", au sein de la société au lieu de venir d'une instruction „en haut" et que ce processus a été soutenu par la volonté de Louis-

Philippe et le Conseil colonial. On pourrait déduire du tableau que probablement un clivage politique des opinions a existé entre ces deux groupes des grands et moyens propriétaires et les petits propriétaires et les gens de couleur libres récemment affranchis qui s'entraident pour affranchir encore des personnes de leur famille ou avec qui ils ont ne bonne relation.

4.5. Les indemnités

Revenons au dédommagement :

On peut déduire que - du point de vue du dédommagement des maitres - la loi de juillet 1845 a été le précurseur des dédommagement versés avec le deuxième affranchissement. Les chiffres se trouvent dans Lara.

Lara avance le total des indemnités :

Par rapport aux chiffres probables d'esclaves qui sont affranchis avec Schoelcher : 87.087. Comme l'indemnité n'est pas versé pour les enfants de moins de 5 ans et les vieux personnes de plus de 60 ans, leur chiffre se réduit à 69.670 (cf. Lara 2010 : 338/2073 17%).

L'indemnité comme part absolue, basé sur la valeur réelle des esclaves, serait à 70.018.350 F.

Mais des 120 millions de francs prévus dans le budget, la Guadeloupe reçoit 32,2454 %, égale à 38.694.480 F (cf. Lara 2010 : 342/2073 17 %). Le trésorier a réduit le maximum à verser à 90 millions de Francs, qui sont repartis à plusieurs annuités : 12 millions de Franc pour les années 1848-1853, après 8 millions de Francs pour 1854 et 1859 et 4 millions pour 1860-1861 (cf. Lara 2010 : 19 % 383/2073). Un décret du gouvernement provisoire des 04/03 et 27/04/1848 accorde des indemnités à verser pour la Guadeloupe : 1.947,164 F 85 sur un budget total pour toutes les colonies de 6 millions de Francs (cf. Lara 2010 : 21 % 421/2073), apparemment pour une année.

Contrairement à ce qu'il a avancé, Lara parle que la loi du 30/04/1849 accorde 120 millions de francs pour les indemnités (cf. Lara 2010 : 44 % 906/2073).

Par contre, un échantillon des actes notariés chez Lara a montré que la valeur moyenne d'un(e) esclave est de 1.085,53 F. Si on multiplierait cette somme par les esclaves existants le 27 mai 1848, on arriverait à la somme de 269.820.113,90 F. (cf. Lara 2010 : 28 % 556/2073) L'État est alors incapable de dédommager les maitres complètement.

Lara arrive à la moyenne d'indemnité versée par esclave pour la Guadeloupe : 470 F 20, ce qui n'est même pas la moitié d'une valeur moyenne réelle d'environ 1000 F (cf. Lara 2010 : 61 % 1257/2073) : Les maitres sont mieux indemnisés avant 1848 en affranchissant 1/5 de leurs esclaves.

Au cours du processus de l'affranchissement, rares sont les cas ou les esclaves changent de maitre. Jean (rachat 06/03/1847), Gabriel et Raymond (rachat forcé 14/08/1846) et Thérésine (rachat amiable pour mariage le 06/03/1847). L'arrêté rectificatif qui précise les nouveaux maitres passe dans la séance du 17/06/1847 ANOM 1847 pp. 394.

Je pense que l'esclave ne peut pas réclamer juridiquement d'être affranchi une fois le processus en cours, mais dans quelques cas traités par le Conseil dans les années avant, la pratique était en principe que le Conseil était l'avocat de l'esclave et consentit à l'affranchissement si son comportement et les témoignages à propos de lui sont bons, si les papiers respectent la démarche et s'il n'y a pas de réclamation de tiers. Mais qu'est-ce qui se passe dans les cas ou l'allocation est accordée et l'esclave n'est pas affranchi tout de suite ? Avec les mentions du prix du rachat, les épargnes personnelles et l'allocation versé, pris en considération si un petit montant manquait pour lequel il faudrait travailler ou si tout était couvert, croisé avec le temps qu'il fallait pour être affranchi, on peut voir s'il y a des cas ou l'affranchissement est prolongé même si toutes les réclamations du maitre sont payes.

La loi de juillet 1845, du point du vue des indemnités versés aux maîtres, est le précurseur des indemnités versés après l'affranchissement avec Schoelcher. Les calculs du budget total et le montant versés au maitre sont calculés chez Lara. Je me rappelle que la moyenne était au-dessous des 1.000 ou 1.200 F, qui sont payés souvent aux maîtres entre 1846 et mai 1848.

5. Conclusion

Dans les années et mois avant mai 1848 le système s'est quasiment abrogé. Les esclaves ont eu de plus en plus de droits, petit à petit. Dans les derniers temps, des écoles étaient ouvertes pour les esclaves.

J'imagine que les tensions étaient grandes au sein d'une plantation, société de commerce ou quoi que ce soit comme structure. L'affranchissement servait à contrôler l'ensemble des esclaves car seulement ceux qui avaient un carnet „blanc" „mention au-dessus de mauvais" avaient une chance d'être affranchi. À l'intérieur de cette micro-société du propriétaire, j'imagine que la concurrence pour gagner la faveur du maitre pour être affranchi était grande - aussi grand que le mépris ou la jalousie des autres négligés (qui ne „méritent pas", pas encore). Comme le montre l'exemple de Lucile, un système de fausses ou vraies accusations a pu s'installer. Les rénitents et dénoncés ont eu tendance d'être puni par le commandeur, le maître, la milice, la police, la justice, le curé (à lire : Régent Frédéric, Gonfier Gilda, Maillard Bruno (2015): Libres et sans fers. Paroles d'esclaves français). J'imagine que ceux qui ont préparé leur affranchissement en gagnant de l'argent vivaient dans une peur constante d'être volé, même s'il y avait le contrôle social.

Je pense que les informations des registres d'esclaves ou des bases de données comme dans www.anchoukaj.org peuvent-être liées et quelques personnes connectées à cette base de données des affranchissements. La série „K" des listes des personnes qui sont affranchies avec Schoelcher - qui est la base pour la publication de Lara - pourrait être connecté à cette base de données - logiquement par la colonne des personnes à l'origine des affranchissements. Le „who is who" doit être pareil pour les deux bases de données. Le notariat des années avant 1848 serait une autre source très riche.

La base de données donne un profil de la société de la Guadeloupe du 19e siècle qui peut être très utile pour la recherche généalogique et sociologique.

Grâce au projet d'indexation et l'idée aimable de Mme Rossignol d'y participer et la bienveillance de Mme Clamaron de Geneanet, la liste a été publié sur Geneanet en mi-septembre 2021. Elle n'est pas visible dans sa complexité. La liste est filtrable d'après des patronymes ou prénoms des esclaves affranchis connus. Au cas ou de faire des ajouts ou rectifications, les utilisateurs peuvent me contacter sur GHC ou Geneanet. Voici les liens :

https://www.geneanet.org/releves-collaboratifs/view/98067

https://www.geneanet.org/releves-collaboratifs/view/98064

Première abolition de l'esclavage le 16 pluviôse An II – 4 février 1794 –

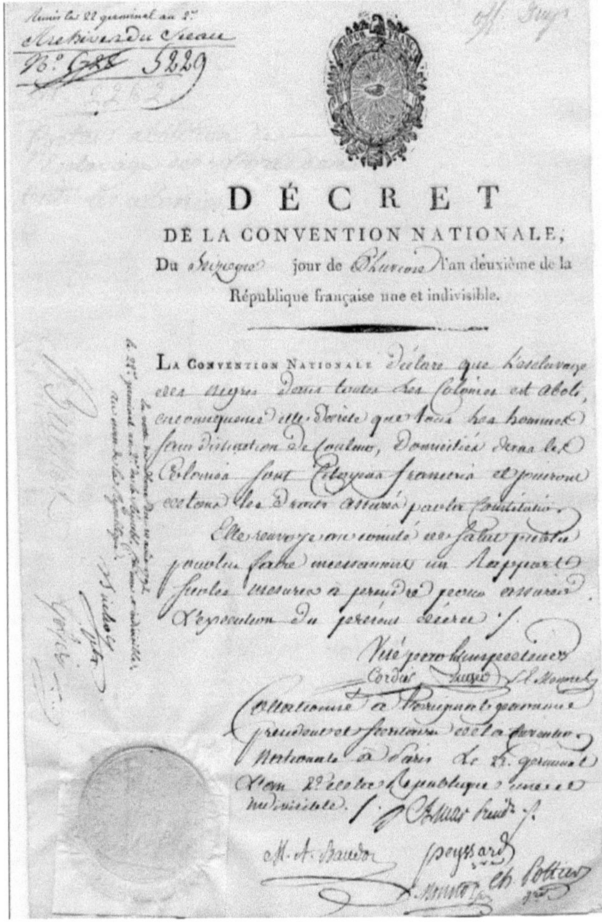

Source :

https://commons.wikimedia.org/wiki/Category:Grands_documents_de_l%27histoire_de_France_-_Archives_nationales#/media/File:Décret_d'abolition_de_l'esclavage_par_la_Convention-_Archives_nationales-BB-34-1-58.jpg

accès le 15.06.2020 en référence à AN BB/34/1/58

Ce décret et le décret de la restauration de l'esclavage circulent comme version imprimée dans les Caraïbes, cf. note en bas de page 30 dans Zeuske 2018, 3759 57 %.

Zeuske y mentionne la source :

Archivo Nacional de Cuba (ANC), La Habana, fondo Donativos y Remisiones (DyR), leg. 210, no. 441 (1791): „Esclavitud. Decreto pro el cuál queda abolida la esclavitud de los negros en las colonias francesas. Impreso en francés. Donativo de la Srta. Carlota Párraga 1951. Por encargo de los descendientes de Lic. Héctor Ponce de Léon".

Restauration de l'esclavage après le traité d'Amiens, 30 floréal An X - 20 mai 1802 -

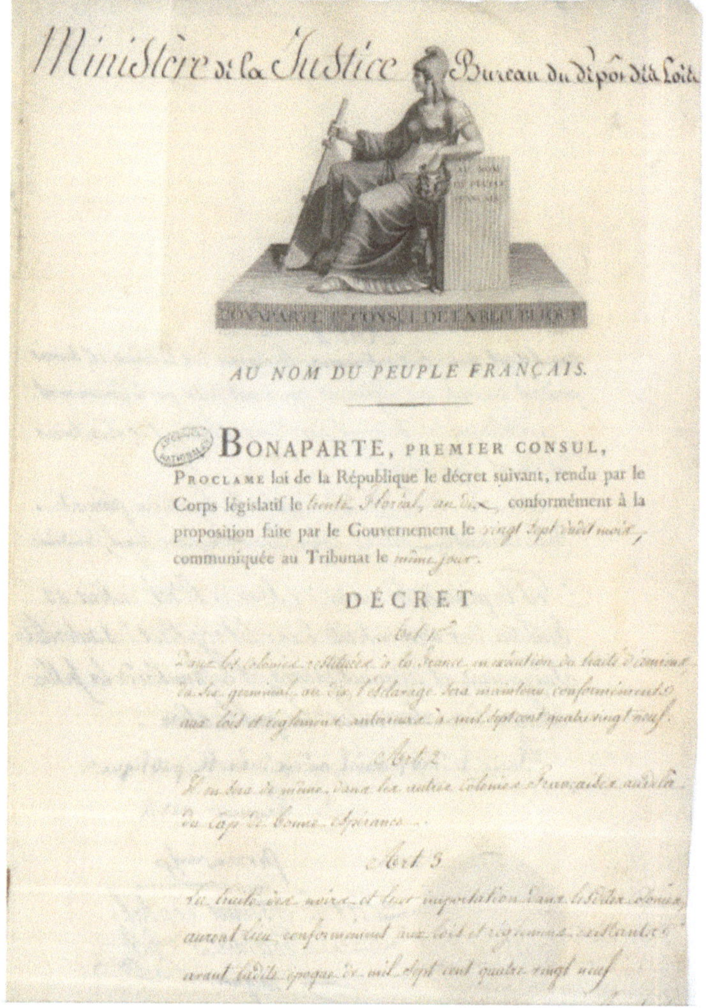

Source :

https://upload.wikimedia.org/wikipedia/commons/6/63/Décret-
loi_autorisant_la_traite_et_l%27esclavage_dans_les_colonies_restituées_par_le_traité_d'Amiens-
_Archives_nationales-_A-1055_page_1.jpg, accès le 15.06.2020

de la source Archives Nationales qui n'a pas été indiquée. Les AN ont publié le lien lors de la commémoration de l'esclavage le 10 juin 2020. Source probable : Archives nationales A// 1055.

Verso de ce décret :

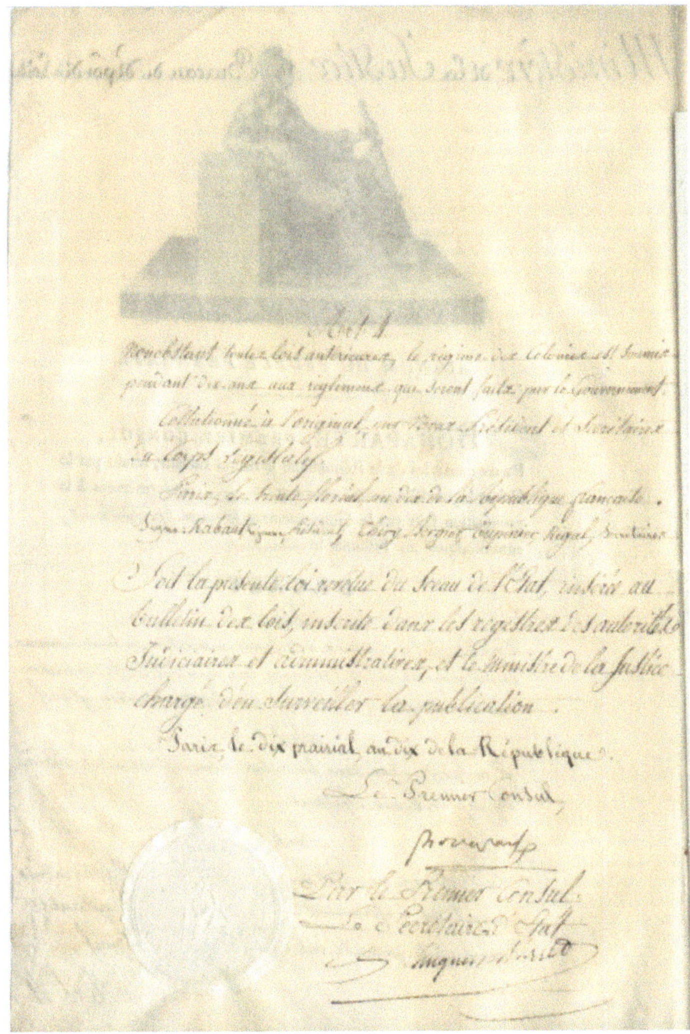

Source :

https://upload.wikimedia.org/wikipedia/commons/0/02/Décret-loi_autorisant_la_traite_et_l%27esclavage_dans_les_colonies_restituées_par_le_traité_d'Amiens_-_Archives_nationales-_page_2.jpg, accès le 15.06.2020

Décret du 16.07.1802 qui souligne la réinstallation de l'esclavage

Projet d'arrêté,
Concernant le rétablissement de l'esclavage
à La Guadeloupe et dépendances.

———————————

Les Consuls de la République, Sur le rapport du ministre de la marine et des Colonies, Le Conseil d'état entendu :

Considérant : 1° que la Loi du 16 Pluviôse an 2, qui accorde la liberté aux noirs à la Guadeloupe, n'y a produit que des effets désastreux.

2° que vainement on s'étoit flatté de voir cette isle se fertiliser de plus en plus sous des mains libres; qu'elle s'est, au contraire, détériorée chaque jour par la substitution de la fainéantise au travail, de la divagation à l'esprit domiciliaire, de l'impunité à la discipline, de l'extrême licence au bon ordre, de la misère enfin, à la reproduction de l'espèce et à celle des richesses territoriales, précédemment entretenues par la subsistance obligée et le bien être que les Réglemens tutélaires amuroient aux familles esclaves.

3° que le partage des fruits des habitations, par leur décroisement graduel, est devenu dans le système nouveau également insuffisant et pour le maître et pour l'attelier.

4° que l'exemple des Colonies voisines où l'esclavage subsiste, offre un contraste frappant de prospérité, de tranquillité intérieure, et de devoirs réciproques, dont l'observance est la mesure du bonheur appartenant à chaque

Source :

verso de ce décret

5° Considérant surtout l'affreux usage que les Noirs de la Guadeloupe ont fait de la liberté, en armant leurs bras parricides contre le Gouvernement de la Métropole, en désobéissant à ses ordres, en combattant à force ouverte ses troupes victorieuses, en détruisant les manufactures, en incendiant les villes et les campagnes, et en étouffant jusques aux germes de la propriété légitime.

6° Considérant enfin les grands forfaits dont viennent de se souiller ces Noirs dans leur coupable résistance et dans leur rébellion.

Voulant que le sang des braves soldats français qui a coulé avec gloire et succès dans cette Colonie couverte de crimes, reçoive l'expiation qui lui est due, par un entier rétablissement de l'obéissance envers le Gouvernement, et par un retour immuable aux anciens principes de l'administration Coloniale.

Vu la loi du 30 floréal 8° et en conformité de ses dispositions ;

Arrêtent :

« La Colonie de la Guadeloupe et Dépendances sera régie, à l'instar de la Martinique, Ste Lucie, Tabago, et Colonies Orientales, par les mêmes lois qui y étoient en vigueur en 1789.

« Le Ministre de la Marine et des Colonies est chargé de l'exécution du présent arrêté, lequel sera inscrit au Bulletin des lois. /

Encore un décret du 16.07.1802 qui souligne la réinstallation de l'esclavage :

Ministère
de

Mots
de Recherches.

Minute d'Arrêté.

Enregistrée N.°   F.°

Sommaire de l'Arrêté.

L'Expédition
a été envoyée
le 28 prairial
au Ministre de
la Marine
(à lui seul)

Paris, le 27 Messidor an 10. de la République une et indivisible.

Les Consuls de la République, sur le rapport du ministre de la marine et des colonies

Vu la loi du 30 floréal dernier ...

art. 1er

La colonie de la Guadeloupe et dépendances sera régie à l'instar de la Martinique ... et les autres colonies orientales, par les mêmes lois qui y étaient en vigueur en 1789

art. 2

Le ministre de la marine et des colonies est chargé de l'exécution du présent arrêté

Le Premier Consul

Source :

source AN AF IV, 379

Bibliographie

(e-Book : visualisation sur un Mac)

Eichmann Flavio (2019): Krieg und Revolution in der Karibik. Die Kleinen Antillen 1789-1815. (Deutsches Historisches Institut Paris (éd.): Pariser Historische Studien vol. 112) De Gruyter Oldenbourg, Berlin/Boston.

Houdaille Jacques (1980): La population de la Martinique de 1832 à 1847, dans:

https://www.persee.fr/doc/pop_0032-4663_1980_num_35_1_18203, Accès le 10 novembre 2020

Lafleur Gérard (2018): Destin des nègres de traite en Guadeloupe; Bulletin de la Société d'histoire de la Guadeloupe no. 180, mai-août 2018 pp. 3-11

Lafleur Gérard (2020): Des résidences des gouverneurs aux résidences préfectorales en Guadeloupe, Hervé Chopin Bordeaux.

Lara Oruno/Lara Inez (2010): Guadeloupe - Les propriétaires d'esclaves en 1848. L'Harmattan Paris, Kindle

Noël Erick (2020): (dir) Paris Créole. Son histoire, ses écrivains, ses artistes XVIIIe - XXe siècles, Ed. La geste, La Crèche.

Pérotin-Dumon Anne (2000): La ville aux Îles, la ville dans l'île: Basse-Terre et Pointe-à-Pitre, 1650-1820, Karthala, Paris

Régent Frédéric (2007): La France et ses esclaves. Grasset, Paris, iBook

Régent Frédéric, Gonfier Gilda, Maillard Bruno (2015): Libres et sans fers. Paroles d'esclaves français, Fayard Paris

Schmidt Nelly (2020): Engagements politiques et culturels des personnalités de Guadeloupe et de Martinique à Paris au XIXe siècle, dans: Noël Erick (2020): (dir) Paris Créole. Son histoire, ses écrivains, ses artistes XVIIIe - XXe siècles, Ed. La geste, La Crèche, pp. 37-57.

Sources

Séances du Conseil de la Guadeloupe, protocole Conseil de la Guadeloupe:

http://anom.archivesnationales.culture.gouv.fr/ark:/61561/xr660zuf

Bulletin des actes administratifs de la Guadeloupe:

https://gallica.bnf.fr/html/und/france/publications-officielles-de-guadeloupe?mode=mobile

Pour les années 1828 à 1848, accès le 07.07.2020

Le Bulletin de 1831 n'est pas conservé à la BNF, il se trouve ici:

https://books.google.de/books?id=mQxBAQAAMAAJ&pg=PA542&lpg=PA542&dq=bulletin+offi ciel+de+la+Guadeloupe+1831&source=bl&ots=sinmNeoA1n&sig=ACfU3U3uND8xKy- 7yhPStXUxA5cJEhXs0w&hl=de&sa=X&ved=2ahUKEwih_dKkob3qAhVQcZoKHY4NCvwQ6AEw AnoECAgQAQ#v=onepage&q=bulletin%20officiel%20de%20la%20Guadeloupe%201831&f=fa lse. Le lien commence par le vol. De 1830 qui est déjà publié sur BNF Gallica. Accès le 08.07.2020

Le vol. De 1840 a été trouvé:

https://play.google.com/store/books/details/Bulletin_officiel_de_la_Guadeloupe_contenant_les_a?id=0xJBAQAAMAAJ&hl=de accès le 07.07.2020

L'année 1848 se trouve ici en complet; la BNF n'a conservé qu'une partie après Schoelcher:

https://babel.hathitrust.org/cgi/pt?id=osu.32437122249267, accès le 07.07.2020

À défaut, les bulletins sont accessibles ici:

https://catalog.hathitrust.org/Record/100633490

Accès le 05/11/2020

Et affranchissements Guadeloupe

http://anom.archivesnationales.culture.gouv.fr/caomec2/recherche.php?territoire=GUADELOUPE

Saint-Martin

http://anom.archivesnationales.culture.gouv.fr/caomec2/recherche.php?territoire=SAINT-MARTIN

Suggestion pour une recherche ultérieure :

Notariat de la Guadeloupe (non exploité) : 1802-1826 :

Actes d'affranchissements ou citoyens se légitimant avec un acte d'affranchissement

CARAN, Paris, ANOM Aix-en-Provence, AD Guadeloupe

ANOM IREL (non exploité) : 1802-1826 (1802-1835 – l'acte civil peut être fait longtemps après l'affranchissement)

Mariages ou reconnaissance d'enfants des citoyens qui se légitiment avec un acte d'affranchissement

Gouverneur de la Guadeloupe (non exploité) : 1802-1826

Probablement COL 13 et COL 14 aux AN Paris

Occupation anglaise : KEW

Occupation suédoise : Stockholm

Recensements entre 1802 et 1826, si existants

En relation avec la phase après 1848 :

Comité Marche du 23 mai 1998 (cm98) (dir) (2010): Non an nou. Le livre des noms de familles guadéloupéennes, éditions Jasor, Pointe-à-Pitre

Lara Oruno/Lara Inez (2010): Guadeloupe - Les propriétaires d'esclaves en 1848. L'Harmattan Paris, Kindle

Abolition 1848, réaction des villes et communes :

https://gallica.bnf.fr/ark:/12148/bpt6k5790753q.textelmage

indemnités aux planteurs (REPAIRS):

https://esclavage-indemnites.fr/public/